AF630083

Gabriele Münter, Tochter deutschamerikanischer Auswanderer, Lebensgefährtin des russischen Malers Wassily Kandinsky, unterwegs in Tunis und Italien, wohnhaft in Paris und Stockholm, ist ein frühes und herausragendes Beispiel einer selbstbestimmten und weltoffenen Künstlerin.

In ihrem Haus in Murnau gab sie dem Blauen Reiter eine Heimat, ging gegen alle Widerstände des Kunstmarkts ihren ganz eigenen künstlerischen Weg in den Expressionismus und sah sich gefeiert, vergessen und wiederentdeckt.

Kompakt und differenziert zugleich schildert Boris von Brauchitsch die gesellschaftlichen Rahmenbedingungen für eine Künstlerinnen-Karriere um 1900, die kreative Selbstbehauptung Münters an der Seite Kandinskys, die Intrigen der Künstlerkollegen, die emotionalen Höhen und Abgründe sowie die Einsamkeit, der sie immer wieder Bilder entgegensetzt, die Vitalität und Melancholie gleichermaßen zum Ausdruck bringen.

Boris von Brauchitsch, geb. 1963, Kunsthistoriker und Fotograf, fokussiert in prägnanten Biografien herausragende Künstlerpersönlichkeiten (im Suhrkamp Verlag erschienen von ihm *Caravaggio*, *Michelangelo* und *Leonardo da Vinci*) und legt in seinen Schriften besonderes Augenmerk auf die Geschichte der Fotografie und der klassischen Moderne.

Zuletzt erschienen u.a.: *Galerie des 20. Jahrhunderts. 100 außergewöhnliche Meisterwerke*; *Kleine Geschichte der Fotografie*; *Klassiker der Architektur*; *Lesser Ury – Leichte Fieberanfälle. Dauerregen*; *Schwarz – Dunkel gestimmt im Licht der bildenden Kunst*.

insel taschenbuch 4590

Boris von Brauchitsch

Gabriele Münter

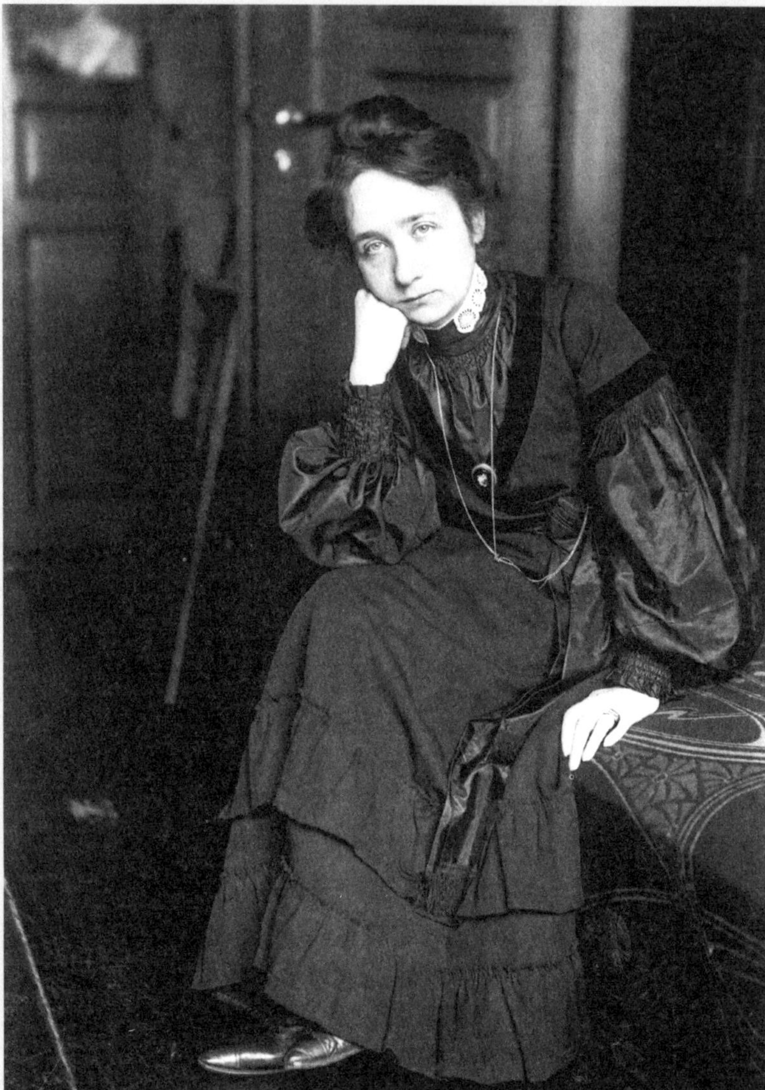

BORIS VON BRAUCHITSCH

Gabriele Münter

Eine Biografie

Mit zahlreichen Abbildungen

INSEL VERLAG

Klimaneutral
Druckprodukt
ClimatePartner.com/14438-2110-1001

4. Auflage 2022

Erste Auflage 2017
insel taschenbuch 4590
Originalausgabe
© Insel Verlag Berlin 2017
Quellennachweise zu dieser Ausgabe am Schluss des Bandes
Alle Rechte vorbehalten, insbesondere das des öffentlichen Vortrags sowie der Übertragung durch Rundfunk und Fernsehen, auch einzelner Teile. Kein Teil des Werkes darf in irgendeiner Form (durch Fotografie, Mikrofilm oder andere Verfahren) ohne schriftliche Genehmigung des Verlages reproduziert oder unter Verwendung elektronischer Systeme verarbeitet, vervielfältigt oder verbreitet werden.
Vertrieb durch den Suhrkamp Taschenbuch Verlag
Umschlag: hißmann, heilmann, hamburg
Umschlagabbildung: Gabriele Münter in einem Ruderboot stehend, Oberbayern, 1901. Fotograf/-in unbekannt. Inv.-Nr. 2052 Foto: Gabriele Münter- und Johannes Eichner-Stiftung, München
Druck: CPI books GmbH, Leck
Printed in Germany
ISBN 978-3-458-36290-6

www.insel-verlag.de

INHALT

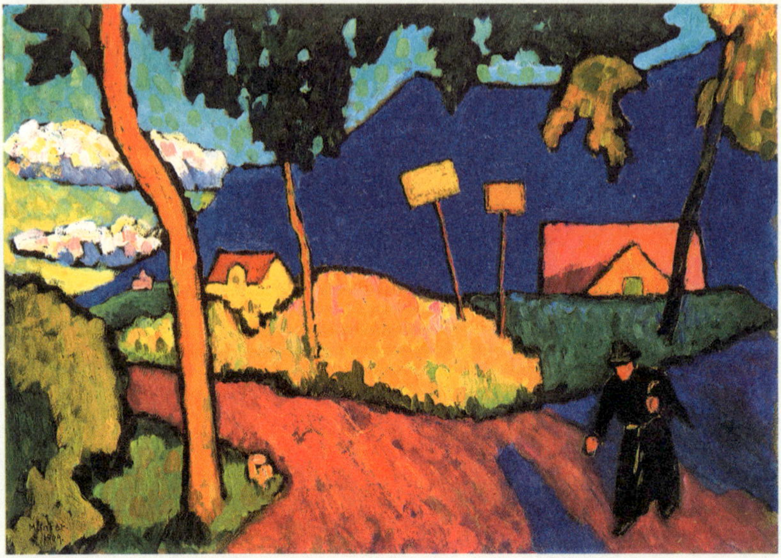

Abb. 1: *Gegen Abend*, 1909

Vorspann: Prinz Yussuf und die Null

München, Mitte Januar 1913. Die Stimmung ist entspannt, man registriert, wer da ist, plaudert nett miteinander, tauscht sich aus über das Neueste, auch wenn sich in Wahrheit die gegenseitige Wertschätzung in Grenzen hält. Nichts Besonderes also, eines jener kulturellen Ereignisse, wie sie sich eben von Zeit zu Zeit ereignen und die es nicht zu verpassen gilt, will man dazugehören.

In den repräsentativen Räumen der vielleicht bedeutendsten Galerie der Moderne, der Galerie Thannhauser, eröffnet die Retrospektive des Malers Franz Marc. Eine ganze Reihe von Besuchern ist gekommen, darunter auch die Dichterin Else Lasker-Schüler, die den Künstler gerade erst in Berlin kennengelernt hat. Sie ist eigens aus Berlin angereist. Zeit hat sie nicht vergeudet, sondern gleich als Prinz Yussuf von Theben mit ihrem blauen Reiter einen märchenhaft-poetischen Briefwechsel begonnen. Sie spürt die Seelenverwandtschaft. Doch an diesem Abend, an dem sie in Begleitung von Marcs Freundin Maria Franck dessen Ausstellung besucht, sieht sie zum ersten Mal seine großen Bilder und steht tiefbewegt Auge in Auge mit den Katzen, dem Affen, den Pferden, dem Tiger.

Und dann trifft sie zwischen all dieser aufregenden Exotik auf eine Frau, die ihr überhaupt nicht gefällt, die so gar nichts Extravagantes besitzt und doch so provozierend geradlinig auftritt. Eine Frau, die einfach und direkt über Kunst spricht und deren Ziel es zu sein scheint, das Unsagbare, die Verzauberung zu unterlaufen: Gabriele Münter.

Es ist eine Geste der Höflichkeit, dass man zusammen von Bild zu Bild geht. Gabriele Münter hat etwas zu sagen zu diesen Werken, so viel wird schnell klar, denn sie kennt Franz Marc schon länger und hat sein

Schaffen und seine Entwicklung aufmerksam verfolgt. Doch je mehr sie sich auf die Bilder einlässt, desto mehr vibriert das Künstler-Ego im Körper von Prinz Yussuf, aus dem es schließlich schwärmerisch herausbricht: »Dies Bild hat mich am tiefsten berührt!«, ruft die Dichterin aus und weist unbestimmt in den Raum. Münter folgt mit ihrem Blick der Geste, sieht, das Pathos ignorierend, ihr Gegenüber an und fragt mit großer Ernsthaftigkeit:

»Welches? Der Affe oder der Tiger?«

Was für eine Frage. Würde sich Lasker-Schüler mit weniger als einem Tiger zufriedengeben? Will diese kleine, graue Frau, die solche Fragen stellt, den Prinzen Yussuf zum Affen machen, oder weiß sie nicht, wen sie vor sich hat?

»Der Tiger«, antwortet sie, ihre Wut notdürftig im Zaum haltend.

»Und was berührt Sie so an dem Bild?«

Jetzt ist das Maß endgültig voll. Hält diese Person sich für die Inquisition?

»Das Gefährliche in dem Bild«, flüstert Else Lasker-Schüler nur noch. Was sonst. Und damit gut. Prinz Yussuf wendet sich ab, man geht auseinander, jeder seiner Wege.

Doch dann, urplötzlich, dreht sich der Prinz auf dem Absatz um, stapft entschlossen auf Gabriele Münter zu und ruft, dass es die Umstehenden deutlich vernehmen: »Gnädige Frau, wie kommen Sie dazu, mich zu beleidigen? Ich bin Künstlerin durch und durch!«

Nun ist es an Gabriele Münter, um Fassung zu ringen.

Die Schönheit, die Dimensionen dieser Bilder, ja glaubt die gnädige Frau eigentlich, sie sei berufen, darüber zu sprechen und ihr, der Dichterin, die ihren blauen Reiter in ganz anderen Sphären kennt, auch noch Fragen stellen zu können?

»Ich bin Künstlerin! Ich bin stark!«, ruft Lasker-Schüler in den Saal. Ein Dämon ist entfesselt, der nun redet und redet, über die wunderbaren Bilder, und sich wütend gebärdet gegen diese gnädige Frau. Maria Franck, die versucht, sich dazwischenzuwerfen, ist gleichfalls machtlos gegen die Kraft der Empörung. Dann hält der Prinz inne und richtet seinen Blick auf Gabriele Münter, um sie final und vernichtend zu treffen.

»Ich bin stark«, bricht es aus ihr hervor, »ein ganz starker Mensch, und ich lasse mir das nicht bieten von solch einer *Null*!«

Eine Szene, wie in einem bösen Traum – so notierte die zukünftige Maria Marc ein paar Tage später – oder wie man sie schon mal im Theater sieht. Sie stand nur dabei und merkte, wie es ihr grüner und blauer wurde vor Augen, grüner und blauer als auf den Bildern von Franz Marc. Ihr Zittern und ihre Aufregung waren so groß, dass Gabriele Münter sie schließlich beruhigen musste.[1]

Stationen der Kindheit und Jugend

VON BERLIN NACH DÜSSELDORF

Am 19. Februar 1877, die Einwohnerzahl des wild wuchernden Berlins überschritt gerade die Millionengrenze, wurde Gabriele Münter geboren. Die Adresse der Beletage Unter den Linden 58 war repräsentativ und entsprach dem amerikanischen Traum ihres Vaters Carl Friedrich Münter, den er einst in New York begonnen hatte zu träumen und den er in Deutschland zu vollenden suchte. Im Berliner Adressbuch zuletzt als »Amerikanischer Dentist und Hof-Zahnarzt« eingetragen, war der Westfale Münter, 1826 geboren, als 23-Jähriger zusammen mit einem Freund nach Amerika ausgewandert, wohl auch, um als liberaler Geist, der sich in den Jahren der deutschen Revolution von 1848 verfolgt sah, seine Ideale in der Ferne leben zu können.

Glaubt man den Aufzeichnungen von Münters späterem Lebensgefährten, dem Kunsthistoriker und Philosophen Johannes Eichner, so hat die Emigration nicht ganz freiwillig stattgefunden. Der Überschwang seiner Freiheitsrhetorik soll dazu geführt haben, dass Carl Friedrichs Vater, seinerseits Steuerbeamter in den Diensten des Königs, den aus der Art geschlagenen Sohn mittellos in Richtung Vereinigte Staaten einschiffte.[2]

Dort begann er nach der Landung in New York als Krämer in Quincy (Illinois), einem Städtchen, dessen Architektur im South Side District – wegen der zahlreichen dort gehaltenen Kälber auch Calftown genannt – bis heute von den deutschen Einwanderern zeugt. Die Hälfte der ansässigen Jakobi-Gemeinde bestand um 1850 wiederum aus ehemaligen Herfordern. 1852 heiratete Carl Friedrich Münter in der lutherischen St. James Church Mary Lucinde Richardson, eine junge Witwe, die ihn wiederum bald zum Witwer machte.

Den Grundstein für einen sozialen Aufstieg legte schließlich ein Studium am Dental College von Cincinnati, nach dessen Abschluss er eine zweite Ehe einging. An der Seite von Wilhelmine »Minna« Scheuber, der robusten Tochter eines ebenfalls in die USA ausgewanderten Schreiners und Holzhändlers, lebte Carl Friedrich Münter ab 1857 in verschiedenen Orten Tennessees, in Jackson, in Nashville und schließlich im Städtchen Savannah, wo das Paar einen Drugstore mit angeschlossener Zahnarztpraxis führte.

Inwieweit das Leben in einem Staat mit 270 000 Leibeigenen und in einer Gemeinde mit weniger als 500 Einwohnern mit seinem Freiheitsgeist in Einklang zu bringen war, lässt sich schwer sagen, er selbst hatte aber offenbar keine Hemmungen, seinerseits in Haus und Praxis »Negersklaven« zu beschäftigen. Dennoch, so merkte Gabriele Münter in späten Erinnerungen an, begegnete man den deutschen Emigranten mit Skepsis. Schon weil sie als Kaufleute, anders als die Plantagenbesitzer, nicht so dringend auf billige Arbeitskräfte angewiesen waren und sich auch deshalb Vorbehalte gegen die Sklaverei leisteten. »Die meisten waren außerdem als politische Flüchtlinge, die an die Menschenrechte glaubten, in die Staaten gekommen. Sie erregten bei den Nachbarn den Argwohn, auf Seiten der Gegner der Sklaverei, das heißt der Nordstaaten, zu stehen.«[3]

Carl Friedrich Münter konnte während seiner amerikanischen Jahre beobachten, wie der Nord-Süd-Konflikt eskalierte, wie nicht nur die Frage der Sklaverei, sondern vor allem die gegensätzlichen Vorstellungen von der Souveränität der Einzelstaaten gegenüber dem Bund immer mehr polarisierten und 1861 zum Sezessionskrieg führten. Als der Krieg im April des folgenden Jahres auch nach Savannah kam und die Schlacht von Shiloh direkt vor seiner Haustür ausgetragen wurde, mögen sich die Zweifel erhärtet haben. Spätestens mit dem Gedanken an die Zukunft seiner noch ungeborenen Kinder sah er im Jahr darauf endgültig den Zeitpunkt gekommen, den Vereinigten Staaten wieder den Rücken zu kehren. Ab 1864 war er in Berlin registriert, und während der kommenden 13 Jahre kamen hier seine vier Kinder zur Welt: August (1865), Carl Theodor (1866), Emmy (1869) und Gabriele (1877).

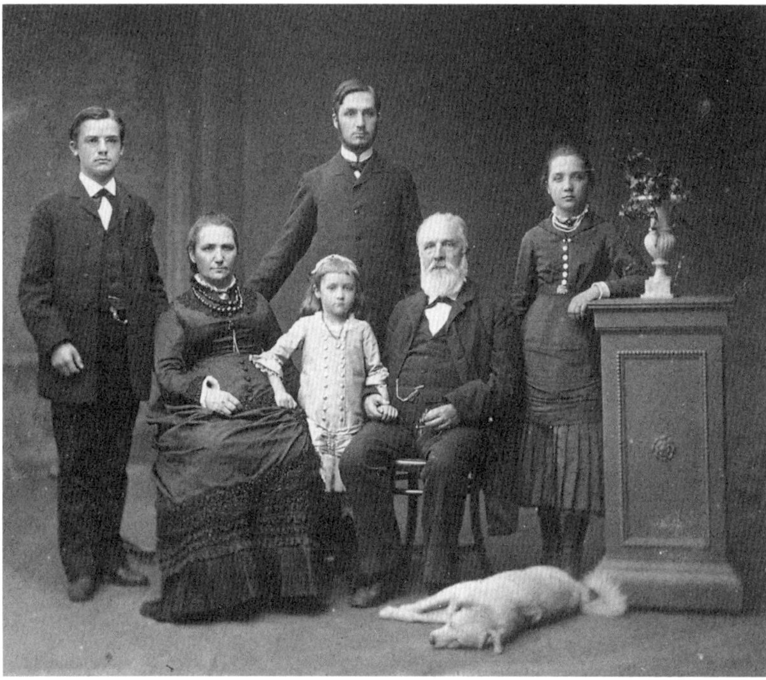

Abb. 2: Familie Münter um 1882. Sitzend die Eltern Wilhelmine und Carl Friedrich Münter, zwischen ihnen Gabriele und August, links Carl Theodor, rechts Emmy

Jahrelang hatte er im Wilden Westen überlebt, hatte, auch dank seiner zunächst als besonders fortschrittlich angesehenen amerikanischen Ausbildung, den gesellschaftlichen Aufstieg in Berlin geschafft und war mit dem Titel des Hof-Zahnarztes bekrönt worden, der später in Stein gemeißelt selbst noch auf seinem Grabstein prangen sollte. Jetzt aber schien es dem Nomaden an der Zeit, sich auf seine familiären

Wurzeln zu besinnen, zumal er beim Gründerkrach 1873 spürbar Kapital an der Börse eingebüßt hatte und ein etwas bescheidenerer Lebenswandel angemessen schien. 1879 siedelte die Familie daher zunächst nach Herford über, wo sie ein repräsentatives Haus baute, um dann ins benachbarte Oeynhausen zu ziehen. Gabriele Münter verbrachte somit einen Großteil ihrer Kindheit im Norddeutschen Tiefland zwischen Wiehengebirge und Teutoburger Wald. Wirklich sesshaft wurden die Münters nie, und so fand sich die Familie bald schon in Koblenz wieder, wo Carl Friedrich Münter 1886 starb. Gabriele war neun Jahre alt. Nur zwei Jahre später – er hatte dem Beispiel seines Vaters folgend in den USA Zahnmedizin studiert – starb auch der älteste Sohn August.

Wilhelmine Münter blieb mit einer kleinen Tochter und zwei halbwegs erwachsenen Kindern zurück. Sie war immer die gradlinige Amerikanerin geblieben, hatte nie akzentfrei Deutsch gelernt und machte sich nichts aus feinem Gesellschaftsleben. »Durch ihr entwurzeltes Leben schritt sie gelassen und wortkarg, ohne einen Anflug von Gefühlszerrissenheit«, schrieb Eichner, auf den Erinnerungen Gabriele Münters basierend. »Überall bewegte sie sich mit der natürlichen Sicherheit eines Menschen, der in sich selbst fest ist und keinen falschen Schein kennt.«[4]

Die charakterlichen Parallelen zu ihrer jüngsten Tochter, die Eichner suggeriert, sind unverkennbar. Gabriele, seit Kindertagen nur »Ella« genannt, ist »nicht auf Wirkung bedacht; sie blieb innerlich. Das angeborene Sein und die unwillkürliche Regung bestimmten Tun und Lassen.« Äußerlich unscheinbar, bewahrte sie in sich doch das urwüchsige und unverbildete Enfant terrible, verweigerte nicht nur schulische Zwänge und füllte stattdessen freie Stellen ihrer Schulbücher mit Zeichnungen von Köpfen, was wiederum manche Bildungslücke zur Folge hatte, sondern bewahrte sich auch den Charme der Autodidaktin, der ihr gesamtes Dasein in allen Aspekten durchzog.[5] Sie empfand sich von ihrer Mutter auf unbestimmte Art alleingelassen, ein Gefühl, das ihr nicht so unangenehm war, wie es klingen mag, sondern ihr eine Quelle bedeutete, aus der sie für sich selbst schöpfen konnte: »Dass meine Vorfahren mir die künstlerische Begabung mitgegeben hätten, lässt sich weder nachweisen noch herausdeuten. Meine frühe Neigung zum Zeichnen kam ganz aus mir selbst und fand in meiner Familie so wenig Förderung wie in der Schule.«[6] Dass Gabriele Münter das so vehement betont, ist auch vor dem Hintergrund der kunstgeschichtlichen Tatsache zu sehen, dass erfolgreiche Künstlerinnen auch im 19. Jahrhundert noch fast durchweg aus Familien stammen, in denen die Kunst bereits gepflegt wurde, Väter oder Brüder selbst als Künstler tätig waren und ein begabtes weibliches Familienmitglied in der eigenen Werkstatt einfach mit ausbildeten.

Nach durchgestandener Schulzeit stellte sich für die Tochter aus einem zugleich unkonventionellen und gutbürgerlichen Elternhaus die Frage nach dem weiteren Lebensweg. Zunächst konnte es für Außenstehende so scheinen, als ginge es auch für sie darum, die Zeit bis zu einer Eheschließung mit Gesellschaftsleben und musischem Dilettieren herumzubringen. Sie fuhr Schlittschuh und ritt aus, besuchte die Oper, komponierte Lieder, zeichnete, nahm Tanzstunden und verschlang wahllos Romane, okkultistische Literatur und lehrreiche Sachbücher – *Brehms Tierleben* war lebenslang ihre Lieblingslektüre.

Sie gehörte nicht mehr zur physisch-materiellen Pioniergeneration, die aus den preußisch-erstarrten Gesellschaftsmustern ausgebrochen war und in Selbständigkeit den sozialen Aufstieg geschafft hatte, sondern entpuppte sich als Protagonistin einer Generation, die eine innerlich-künstlerische Erneuerung anstrebte. Für ihr Potential besaß ihre Familie wenig Gespür, und doch war ihr selbst ihre Begabung zum zeichnerischen Begreifen der Dinge und Menschen so selbstverständlich, dass es der Anregung ihres Bruders Carl Theodor, genannt Charly, bedurfte, bevor sie mit 20 Jahren nach Düsseldorf ging, um einen Blick in den akademischen Kreativbetrieb zu werfen. Mehr als ein Blick war es auch nicht. Denn eine professionelle Ausbildung zur Künstlerin an staatlichen Kunstschulen blieb Frauen ohnehin weitgehend verwehrt, so dass ihnen nur der Weg zu privaten Akademien offenstand, die zum einen Geld kosteten und zum anderen überwiegend Dozenten beschäftigten, die es nicht oder noch nicht zum Professor an einer »richtigen« Akademie gebracht hatten und das Unterrichten des weiblichen Geschlechts folglich auch selbst als zweite Wahl betrachteten. Gabriele Münter mietete sich beim großväterlichen Morten Müller ein, dem norwegischen Meister, der mit wenigen Unterbrechungen seit 50 Jahren in Düsseldorf die Fjorde und Wälder seiner skandinavischen Heimat idealisierte. Die Weite und Sehnsucht, die diese Gemälde atmeten, wirkte bereits ein wenig aus der Zeit gefallen, als Münter bei ihm ihren Wohnsitz nahm, aber sie verfehlten bei der jungen Kunststudentin doch nicht ihre Wirkung. In diesen Bildern begegnete ihr ein erstes Mal jene Landschaft, die auch für sie einmal vorübergehende Wahlheimat werden sollte.

Zermürbend und geistlos erschienen ihr dagegen die Stunden, die sie beim betulichen Düsseldorfer Naturalisten Ernst Bosch mit Kopieren nach Vorlagen, Schraffur-Übungen und dem Modellieren von Gipsköpfen verbrachte. Ohne auch nur den geringsten künstlerischen Impuls mitnehmen zu können, quälte sie sich durchs Semester und entkam bei jeder sich bietenden Gelegenheit in die freie Natur.

Ihr Fahrrad war ihr Ein und Alles, es garantierte ihr Freiheit und das berauschende Gefühl der Unabhängigkeit. Die Ausflüge unternahm sie verwegen in Hosen und berichtete in ihren Briefen nach Hause von den Abenteuern, die sie auf abschüssigen Schotterstraßen, in plötzlich auftauchenden Bachläufen oder zwischen verstörten Hundemeuten erlebte. Diese Erlebnisse standen im Kontrast zu der wachsenden Resignation,

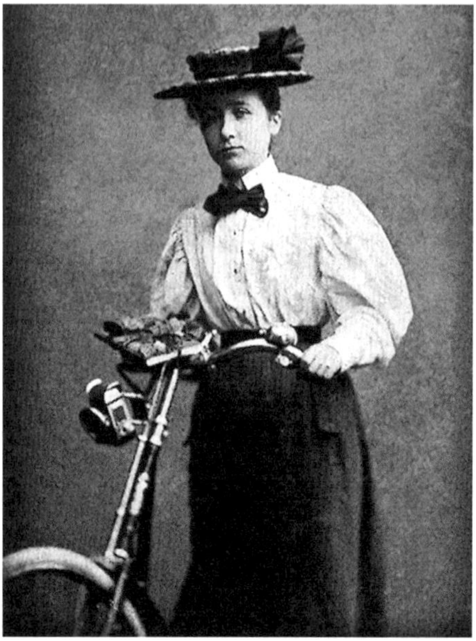

Abb. 3: Gabriele Münter mit neuem Fahrrad, Juli 1897

die sie im Atelier von Ernst Bosch auch angesichts der erfolgreicheren Mitschülerinnen ergriff und die sie der Mutter ebenfalls nicht vorenthielt. Die Antwortschreiben, auch sie gekennzeichnet von ihrem amerikanischen Akzent, enthielten gewöhnlich ausführliche Schilderungen leiblicher Genüsse verbunden mit einer Handvoll Ermutigungen und Ermahnungen an die Tochter: »Also bis Sonntag Mittag habe ich berichted. Zur Grünkern Suppe und Hasenbraten gab es Rosenkohl, Kastanien und Appelcompot, als desert Sahnen Baisers. Nachmittag, hat ich Appit auf Most, also Dampften wir nach Horchheim, musten aber mit schlechtem Kaffe und Federweisem fürlieb nehmen ... Das Du aber gleich den Muth sinken läßt, weil die Damen im Atelier mehr können wie Du ist doch Unvernünftig. Du wirst schon noch was lernen, wen Du fleisig bist ... Deine treue Mama.«[7]

Am Ende war es ihr Tod, der diesen Düsseldorfer Lebensabschnitt Gabrieles abrupt beendete. 1897 starb Wilhelmine Münter. Sie fand ihre letzte Ruhestätte an der Seite ihres Mannes und ihres ältesten Sohnes auf dem Herforder Friedhof.

Charly heiratete seine Lebensgefährtin und ließ sich in Bonn nieder, Emmy plante, den Kontakt zur amerikanischen Verwandtschaft wiederaufzunehmen, auf eine längere Reise durch die USA zu gehen und damit ein Versprechen einzulösen, das sie ihrer Mutter gegeben hatte. Gabriele war 21 Jahre alt. Und sie stand ziemlich allein und planlos da. Also ließ sie sich ermuntern, ihre Schwester nach Amerika zu begleiten.

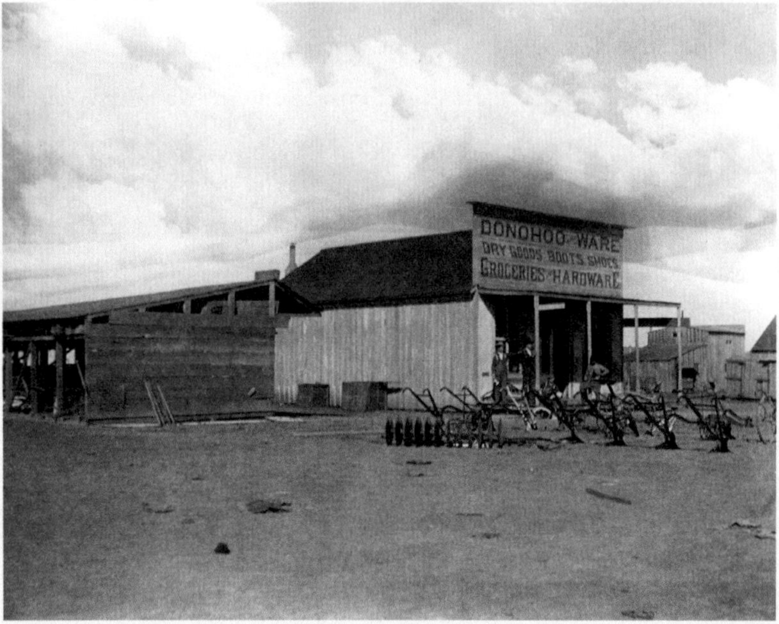

Abb. 4: Donohoo's Warehouse, Plainview, 1899

Die Reise nach Amerika

Am 29. September 1898 in Rotterdam eingeschifft, erreichten Emmy und Gabriele Münter auf den Spuren ihres Vaters am 9. Oktober New York. Eingemietet im deutschen Ambiente des Hotels Naegeli in der Hudson Street von Hoboken und geführt von einem Importeur für Coburger Actien-Bier, erkundeten sie zehn Tage lang die – nach London – größte Stadt der Welt, bevor sie ihre »Vetterlesreise« zur mütterlichen Verwandtschaft antraten. Zunächst ging es gen St. Louis. Nach zweitägiger Zugfahrt erreichten die Schwestern die Metropole am Mississippi. Mehr noch als die florierende Stadt beeindruckte Gabriele Münter der Strom, doch konnte sie während ihres Aufenthalts – quasi als Beweis für die starke deutsche Prägung der Gemeinde – auch Zeugin der feierlichen Enthüllung eines Schillerdenkmals (eine Kopie nach dem Marburger Monument von Ernst Rau) im St. Louis Place Park werden, dem Herzstück der deutschen Community. Zu Gast waren die Schwestern bei ihrer Tante, der Bankiersgattin Albertine Happel. Während ihres mehr als dreimonatigen Aufenthalts in St. Louis knüpften sie, vor allem mit ihren zahlreichen Cousinen, an das Gesellschaftsleben an, das sie aus Deutschland gewohnt waren: Theater, Konzerte, urbane Kurzweil, dann ein zweitägiger Ausflug zu den Niagara-Fällen in Begleitung eines jungen Mannes, den Emmy auf der Überfahrt kennengelernt hatte.[8]

Am 6. Februar hieß es dann Abschied nehmen, denn ihr Cousin John war eigens angereist, um Emmy und Gabriele abzuholen und sicher ins rund 450 Kilometer südlich gelegene Dorf Moorefield zu geleiten, wo die nächste Tante lebte. Hier war nicht mehr viel zu spüren von mondäner Zivilisation. Carry Schreibers Familie lebte in der Tradition ihres Vaters von einem Holzverarbeitungsbetrieb, den Rollermills, die

John den »German Girls« stolz präsentierte. Höhepunkte des Gesellschaftslebens stellten in dieser Einöde Hausmusikabende oder der Besuch der sonntäglichen Messe dar. Das raue Landleben zwischen Äckern und Wäldern mit Schweinen in Holzhäusern vermittelte den Schwestern einen ersten Eindruck amerikanischen Daseins jenseits der Metropolen. Während Emmy vor allem Augen für ihren Cousin John hatte, hinterließen bei Gabriele das Landschaftserlebnis, die Weite und die Naturgewalten einen nachhaltigen Eindruck.

Nach vier Monaten in Moorefield ging es weiter nach Texas. Zunächst in die Stadt Marshall, immerhin annähernd so groß wie Herford, wo die Familie ihres verstorbenen Onkels lebte, dann nach Plainview, wo sich in einer Westerndorf-Atmosphäre endgültig das Pioniergefühl der ersten Siedler einstellte. Tante Lou hatte Joe Donohoo geheiratet, der hier in einer besseren Bretterbude einen Laden für den Bedarf der Viehzüchter und Bauern eröffnet und damit den Ort Plainview eigentlich erst gegründet hatte. Eine weitere Tante, Annie, lebte ebenfalls in Plainview und war dort mit dem Cowboy Bud Hamilton verheiratet. Dass das Leben auch in der gottverlassensten Gegend seine Vergnügungen kannte, beweist nicht nur die Hochzeit eines ihrer Cousins, zu der die Schwestern termingerecht gekommen waren, sondern auch die spektakuläre »Cowboy Reunion« mit Festen, Paraden und Rodeos, die im August 1899 stattfand und von Gabriele Münter in ihrem Tagebuch besonders vermerkt wurde.

In ihren Skizzenbüchern, die sie bereits in der Heimat begonnen und mit auf Reisen genommen hatte, hielt sie die Verwandtschaft fest. Und trotz imposanter Natur widmete sie sich weiterhin vor allem dem Porträt. Das Bild der Außenwelt begann sie sich parallel dazu mit der Kamera zu erobern, einem Präsent ihrer Schwester. Wann sie die Kamera bekam, darüber gibt es widersprüchliche Erinnerungen.[9] Möglicherweise war der Anlass für das Geschenk Gabrieles 22. Geburtstag im Februar 1899 oder ihr Geburtstag im Jahr darauf. Es gibt jedoch Indizien, dass beide Daten nicht zutreffend sind, denn ein Fotoalbum, dass Gabriele Münter anlegte, beginnt mit Bildern der erwähnten Cowboy Reunion in August 1899 und anderen Aufnahmen aus Plainview. Das legt nahe, dass hier ihre frühesten Fotografien entstanden, vorausgesetzt, diese Fotografien stammen wirklich von ihr.

Plainview – der Name war Programm, und Gabriele Münter skizzierte seine Bedeutung in einem Brief an ihren Bruder: »Wenn Du Dich auf den Boden legst, kannst Du meilenweit sehen. Es gibt zwar nichts zu sehen, aber wenn es etwas gäbe, so könntest Du es sehen!«[10] Diesen Blick auf die Fläche zu bannen, diese Leere der Landschaft und Gradlinigkeit ihrer Bewohner ins Bild zu bringen, dazu taugte die Fotografie weit mehr als ihre kleinteilige Art der Zeichnung. Und tatsächlich gemahnen manche ihrer rund 400 in den USA entstandenen Aufnahmen an Theodor Jung, Dorothea Lange oder Walker Evans, die Jahrzehnte später im Auftrag der Farm Security Administration die Folgen der großen Depression, wenn auch weitaus professioneller und mit fortgeschrittener Kameratechnik, dokumentierten.

Es wäre vorstellbar, dass Emmy die von Gabriele Münter verwendete Bull Eye No. 2, die Kodak seit 1895 als handliche, lederbezogene Holzkiste mit fixem Objektiv und Rollfilm für 9x9-Zentimeter-Negative vertrieb, vor ihrem zehnmonatigen Aufenthalt in der texanischen Wildnis in der letzten nennenswerten Stadt, in Marshall, erstand, um Gabriele, die sich dort nach eigenen Aussagen in der Stube hinter Büchern verkrochen hatte oder Klavier spielte, aus dem Haus zu locken. Wenn das ihr Plan gewesen sein sollte, so trug er bald Früchte.

Die Erforschung der Fotografie und die Aneignung der Motive gingen Hand in Hand, wobei sich Gabriele Münter sowohl mit Fragen der Komposition auseinandersetzte als offenbar auch damit, was Fotografie nicht leisten konnte. Das Helldunkel der Schwarzweißaufnahmen, das einen Widerhall in ihrer späteren Druckgrafik finden sollte, tritt gegen die Kontur, gegen die Linie an, die ihr seit Kindertagen intuitiv als Ausdrucksmittel zu eigen war. Und ging die Zahl dieser peniblen Bleistiftzeichnungen mit dem Einsatz der Kamera auch deutlich zurück, so tauchen dafür erstmals Vermerke über die später bei einer malerischen Umsetzung zu wählende Farbigkeit in ihren Skizzen auf. Es deutet sich an, dass die Farbe, wenn auch zunächst nur als schriftlicher Vermerk, ein weiteres Ausdrucksmittel werden könnte.

Erst mit dem Einzug der Farbe würde Gabriele Münter auch selbst ihre Werke als künstlerisch begreifen. Solange aber diese Farbigkeit fehlte, betrachtete sie sowohl Zeichenstift als auch Kamera vor allem als Optionen der Dokumentation zur lebensnahen Erfassung von Physiognomien und kulturellen Eigenheiten sowie zur Verarbeitung des Gesehenen. Was nicht heißt, dass sie nicht unmittelbar nach der Aneignung der Fotografie begann, Zeichnungen nach Fotos anzufertigen, also die unterschiedlichen Medien und ihre Qualitäten gegeneinander abzuwägen.

Aufnahmen von architektonischen Sehenswürdigkeiten spielten weder in den USA noch später eine Rolle, ihre fotografischen Erinnerungen waren stets persönlicherer Natur. Dass Gabriele Münter ihre Fotografie nicht als Kunst betrachtete, bei der der Urheber eine besondere Rolle spielte, sondern wirklich nur als dokumentarisches Material, belegen zumindest zwei Aufnahmen, die sich unter ihren USA-Fotos finden, ohne dass der Fotograf genannt wäre. Zum einen ein sehr wohlkomponiertes Porträt von ihr selbst, bei dem zumindest den Auslöser der Kamera jemand anderes bedient haben muss, zum anderen eine Aufnahme des brennenden Gerichtsgebäudes in Marshall, des Harrison County Court House, das am 7. Juni 1899, einen Tag vor Münters Ankunft in Marshall, durch ein Feuer zerstört worden war. Fotos des Ereignisses wurden zweifellos in der Stadt feilgeboten, und Gabriele Münter dürfte das eindrucksvolle Bild vor Ort erworben haben.

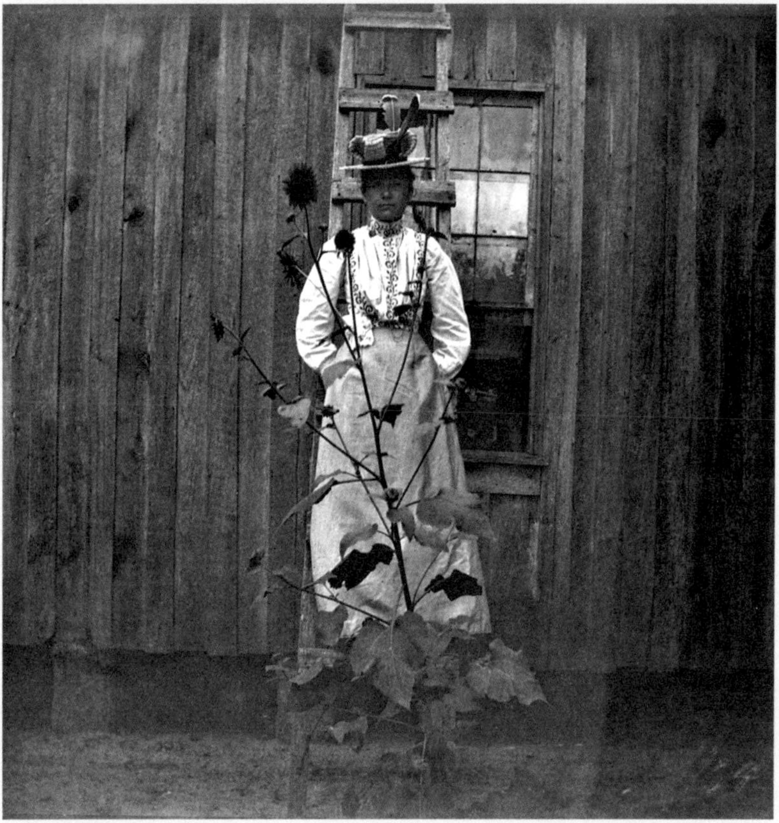

Abb. 5: Emmy Münter (?): Gabriele Münter in Texas, 1899

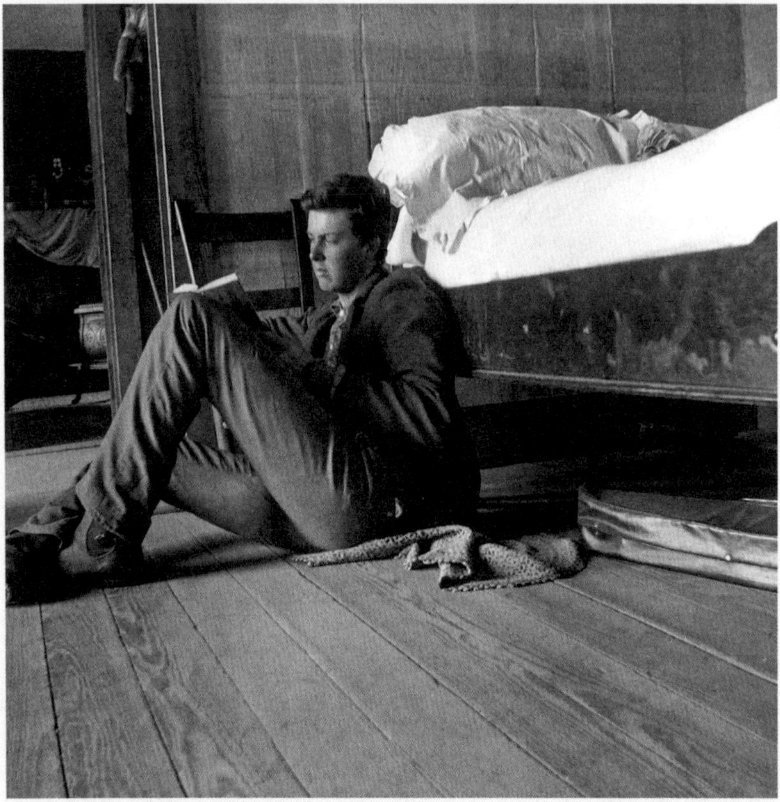

Abb. 6: Willie Graham lesend, 1899 / 1900

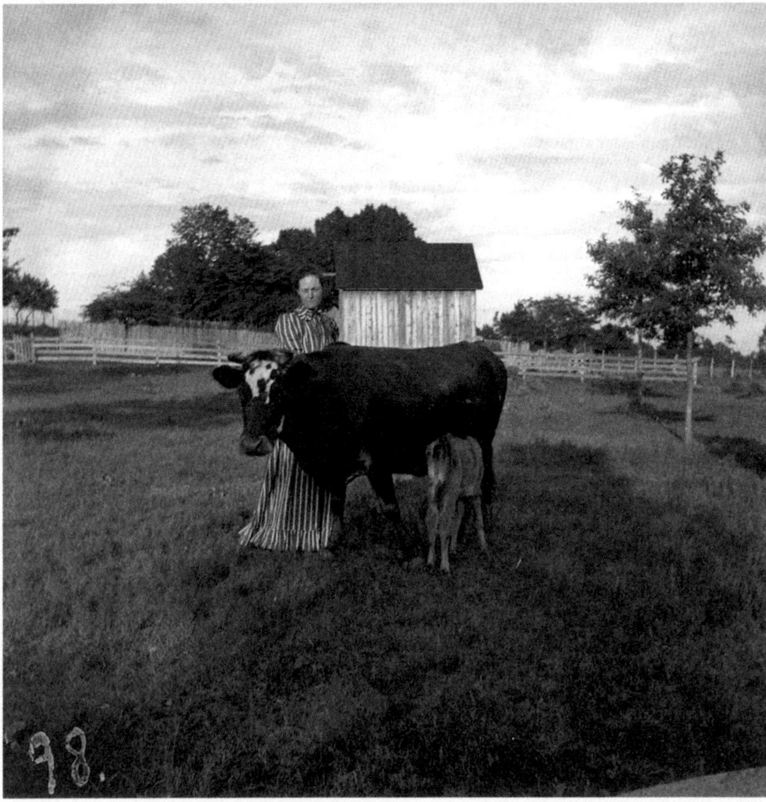

Abb. 7: Mrs. Bessie Allen mit Kuh, 1899/1900

Letzte und südlichste Station vor der Rückreise war Guion, das sie über Fort Worth und Abelene erreichten. Die Münter-Schwestern hatten von New York bis hierher rund 5000 Kilometer mit Eisenbahn und Pferdewagen zurückgelegt – und so muss es sich auch angefühlt haben. Sie waren am fernsten Punkt ihrer Tour und zugleich am Ende der Welt angelangt. Diesmal war es Gabriele, die engere Bande zu ihrem Cousin Willie Graham knüpfte, dessen 18. Geburtstag sie im April begingen. Er war stets an ihrer Seite, wenn es darum ging, Picknicks zu veranstalten, Ausflüge nach Tuscola, in den ehemaligen County-Verwaltungssitz Buffalo Gap, in die prosperierende »Großstadt« Abilene an der Texas Pacific Railroad (damals rund 3500 Einwohner) zu organisieren oder sie zu retten, wenn bei ihrem Fahrstil der Pferdewagen umkippte.

Von Willie Graham existieren mehrere Aufnahmen, darunter ein stimmungsvolles Porträt, das ihn in ein Buch vertieft auf dem Bettvorleger sitzend zeigt. Er nutzt nicht die bequeme Matratze und nicht den neben ihm stehenden Stuhl, sondern lehnt entspannt am Bettkasten, ein Knie als Buchstütze angewinkelt, die Stiefel gegen den Bildrand gestemmt. Der Kamerastandpunkt macht deutlich, dass die Fotografin es ihm gleichtut. Auch sie sitzt auf dem Boden, die langen rohen Dielenbretter bilden die gemeinsame Basis, schaffen die Verbindung und lenken den Blick auf ihr Modell.

Am 16. Mai 1900 nahmen die Schwestern dieselbe Route zurück über Marshall, Moorefield und St. Louis nach New York. Noch einmal sahen sie die nun schon vertrauten Verwandten, und sie ließen sich durchaus Zeit für diese Rückreise, denn es war wohl den meisten klar, dass sie sich nicht noch einmal wiedersehen würden. Hatte Gabriele Münter auf dem Hinweg noch hauptsächlich gezeichnet, so kam nun ihre Kamera zum Einsatz, gelegentlich durchaus mit einem Blick fürs Skurrile, etwa beim Porträt der Witwe ihres Onkels in Marshall, die ein zweites Mal geheiratet hatte und daher nun Bessie Allen hieß.

Zentrum des Bildes ist eine Kuh auf einer Weide, auf deren Rücken eine Holzhütte zu stehen scheint. Während vorn ein Kalb am Euter trinkt, steht Bessie Allen im hochgeschlossenen, bodenlangen und längsgestreiften Kleid hinter der Kuh. Beide blicken als seltsames Paar ernst in die Kamera. Dass Gabriele Münter Humor besaß, steht außer Zweifel, und es lässt sich vermuten, dass sie die eigenwillige Komposition als visuelles Spiel betrachtete, vergleichbar dem Wortspiel, dass sie auf der Zeichnung einer der unzähligen Verwandten in Plainview notiert hatte: »Minnie Miller D'o'no'who«.

Erst am 2. Oktober waren sie wieder in Hoboken, um sechs Tage später auf der luxuriösen »Pennsylvania« die Heimfahrt anzutreten.

Zurück in Koblenz, teilten die Schwestern für kurze Zeit eine Mietwohnung, bevor Emmy 1901 den Chemiker Georg Schroeter heiratete und mit ihm nach Berlin zog.

Die Amerikareise hatte Gabriele Münter die Augen für die Faszination von Landschaft geöffnet und ihr ein realistisches Bild des Landlebens in seiner extremsten Form, mit allen Aspekten von Einsamkeit, Naturnähe und Besinnung auf sich selbst, vermittelt. Und sie hatte ihr zwei Jahre Aufschub gewährt. Nun war es an der Zeit, ihr Kunststudium mit neuem Elan und an neuem Ort fortzusetzen.

Geborene Dilettantinnen

DAS BILD DER KÜNSTLERIN UM 1900

»Man kann gar nicht so absolut kein Talent haben, als dass man nicht in irgendeine Damenschule aufgenommen würde«, mokierte sich der Feuilletonist und Mitbegründer der Zeitschrift *Jugend* Fritz von Ostini über die »Malweiber«, die partout in die männliche Domäne der Kunst einbrechen mussten.[11] Doch mit welcher Legitimation taten sie es und zu welchem Zweck, außer dem der Selbstverwirklichung? Genie, das wusste man seit der Antike, besaßen Frauen nun einmal nicht, denn der Genius war ein nur Männern eigener persönlicher Schutzgeist, der über Schicksal, Charakter und – auch kreative – Potenz wachte.

Zwei Mythen zur Entstehung der Kunst verdeutlichen die Unterschiede zwischen männlich-schöpferischer und weiblich-nachschöpfender Kreativität, wie sie der gesellschaftlichen Rollenverteilung folgend auch von der Kunstwissenschaft festgeschrieben wurden. Pygmalion ist jener Ur-Künstler, der, entsetzt von den »Lastern des Weibergeschlechts«[12], sein eigenes Bildnis der Frau erschafft, sich in sein Werk verliebt und es mit Hilfe der Göttin Venus zum Leben erweckt. Er bringt etwas Neues, ein eigenes Geschöpf hervor. Callirhoe, die Tochter des Tonmodellierers Butades, dagegen zeichnet beim Abschied den Schattenriss ihres Geliebten auf einem Felsen nach, um ihn in seiner Abwesenheit in Erinnerung behalten zu können. Sie hält fest, was ihr die Natur bereits vorgegeben hat. Auch die künstlerischen Ziele der beiden Kreativen sind von vornherein sehr unterschiedliche: Er gebiert aus der in diesem Fall erotischen Fantasie Leben, sie konserviert aus der Wirklichkeit Erinnerung. Gemeinsam ist beiden nur das von Eros beflügelte Verlangen nach dem Schönen.

Ernst Guhl stellte in seinem Standardwerk *Die Frauen in der Kunst* von 1858 die Frage, »ob und inwieweit das weibliche Geschlecht zur Ausübung der Kunst berechtigt sei«. Die Antwort dürfe man sich hier nicht zu einfach machen, denn die Frau habe durchaus ihre künstlerischen Qualitäten. »Zarter Ausführung und sorgfältiger Durchbildung mehr geneigt, als zu kühnem Erfassen großer Gedanken geeignet, werden sich die Frauen vorzugsweise mit den Künsten einer leichten und bequemen Technik beschäftigen.« So ergibt sich bereits aus dem jeweiligen Frauenanteil eine Hierarchie der Künste. Die Architektur sei praktisch frauenfrei, in der Skulptur gebe es ein überschaubares Grüppchen, während die überwältigende Mehrheit in der Malerei und Zeichnung zu finden sei. Und innerhalb der Malerei habe die Frau dort ihren Platz, wo es um die liebevolle *Nachbildung der Natur* gehe, um Stillleben, Porträt, Landschaft, während sich Frauen dort, wo die *eigenschöpferische Kunst* dominiere, wie etwa im Historienbild, nicht profilieren könnten. Ergänzen ließe sich, ganz in der Logik Guhls, dass die wohl höchste Frauenquote in der Fotografie zu finden ist, die für die Nachahmung prädestiniert zu sein scheint und sich vergleichsweise einfach handhaben lässt.

Männer produzieren, Frauen reproduzieren, so wie Männer ihr Leben leben, während Frauen es erleben. Weil das weibliche Geschlecht außerdem für Einflüsse aus dem persönlichen Umfeld offener sei als das männliche, ist es für Guhl nur natürlich, dass Frauen bevorzugt durch nahe Verwandte in die Kunst eingeführt werden.[13]

Der traditionelle Blick auf die kreative Frau ist hier facettenreich zusammengefasst, und man kann nicht davon sprechen, dass er sich in den kommenden 50 Jahren nennenswert liberalisiert hätte. Im Gegenteil. Als Karl Scheffler ein halbes Jahrhundert später seine Studie *Die Frau und die Kunst* veröffentlichte, hatte sich die Diskriminierung auf dem Gebiet der Künste eher noch verschärft. An die Stelle wohlwollender Herablassung, wie sie bei Guhl zu finden ist, tritt nun offene Verachtung, die der Frau jede Imaginationskraft und jeden Kunsttrieb abspricht und sie zur »Imitatorin par exellence« stempelt. Da nur »geborene Dilettantin«, könne sie folglich auch keine Rolle als »produktive Künstlerin« spielen, eine nennenswerte künstlerische Leistung von Frauenhand wiederum gehe zwangsläufig mit dem Verrat an der Weiblichkeit einher, »mit Verkümmerung, Krankhaftigkeit oder Hypertrophie des Geschlechtsgefühls, mit Perversion oder Impotenz«. Während sich diese Impotenz bei Frauen, die lediglich reproduzieren, noch in Grenzen halte, trete die Perversion bei wirklich künstlerisch Schaffenden zwangsläufig mit aller Macht zutage.[14]

Hier stimmt Scheffler ganz mit dem selbsternannten Antifeministen Otto Weininger überein, der die wohl erfolgreichste Polemik zur Diskriminierung der Frau lieferte. Bereits 1903 erschienen, erlebte *Geschlecht und Charakter* bis 1924 ganze 26 Auflagen. Die Absicht der Schrift ist der ultimative Nachweis, dass das Prinzip des Weiblichen im Unbewussten und in der Unfähigkeit zum Genie begründet ist. Die Genialität einiger weniger Frauen lasse sich demzufolge nur auf die maskuline Komponente in ihrem Wesen zurückführen, die bei ihnen überdurchschnittlich stark ausgeprägt sei: »Nur der Mann in ihnen ist es, der sich emanzipieren will.« Daraus folgert er konsequent: »Der größte, der einzige Feind der Emanzipation der Frau ist die Frau.« Eine Geringschätzung der von Frauen geschaffenen Kunst könne er im Übrigen keineswegs feststellen, denn umgekehrt erhielten deren Werke »infolge der Pikanterie« größere Beachtung. Lege man wirklich die gleiche Messlatte an, so würde die Zahl der gepriesenen Frauen »gleich auf den ersten Schlag kläglich zusammenschrumpfen«.[15]

Schon weil sich, laut Guhl, Frauen für eine innerfamiliäre Ausbildung besonders aufgeschlossen zeigen, gibt es keine Notwenigkeit dafür, dass sie an Akademien den Männern die Studienplätze streitig machen. Weil sie aber keine Akademien besuchen, überwiegt der Anteil an dilettierenden Künstlerinnen. Weil Frauen folglich häufiger Dilettantinnen sind, wird darin ein weiblicher Charakterzug erkannt. Und wenn sie sich doch einmal zu den Männern ebenbürtigen Leistungen aufschwingen, müssen sie Mannweiber sein beziehungsweise, wie Scheffler sagt: pervers.

In diesem Klima war es alles andere als eine Selbstverständlichkeit, dass Galeristen Künstlerinnen in Einzelausstellungen würdigten oder Monographien über kreative Frauen erschienen. Selbst für die Künstler der Avantgarde, wie August Macke oder Franz Marc, schien es im Grunde selbstverständlich, dass ihre Frauen der eigenen Kreativität entsagten, um sich in den Dienst der Karrieren ihrer Männer zu stellen. Sogar Marianne von Werefkin hatte vorübergehend die Malerei aufgegeben, um ihren Freund Alexej von Jawlensky zu fördern. Dennoch fand auch in den Jahren nach 1900 das so feindselig gezeichnete Frauenbild immer weniger eine Entsprechung in der Realität, denn Künstlerinnen wie Werefkin und Münter, Julie Wolfthorn und Käthe Kollwitz, Jacoba van Heemskerck und Paula Modersohn-Becker wurden zu Schlüsselfiguren der Moderne in Deutschland.

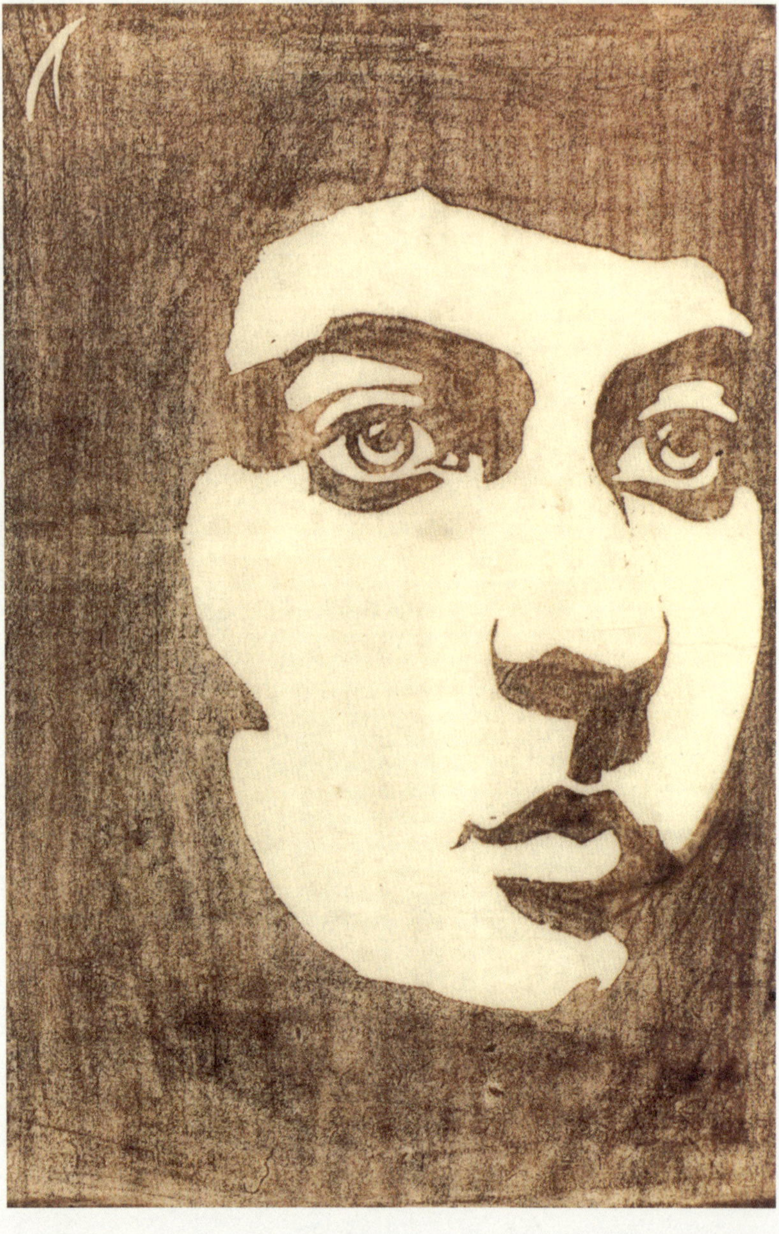

Abb. 8: *Porträt,* Holzschnitt, 1902. Als Frau blieb Gabriele Münter nur die Möglichkeit, Techniken wie den Holzschnitt an einer privaten Münchener Kunstschule zu erlernen.

Aufbruch nach München

Gabriele Münter sah den wirklichen Beginn ihrer Laufbahn als Malerin erst mit dem Abschied aus dem Rheinland gekommen. »Mein eigentliches Kunststudium«, schrieb sie rückblickend, »begann erst mit 24 Jahren in München, Ostern 1901.«[16]

München, da schien die Kunst noch lebendig, während sie in Düsseldorf schon zu Grabe getragen worden war. Im 19. Jahrhundert hatte sich die bayerische Hauptstadt einen internationalen Ruf als Kulturmetropole erarbeitet, für den Namen wie Peter von Cornelius und Carl Theodor von Piloty standen. Wichtige Stationen stellten die Gründungen der Kunstakademie (1808), des Kunstvereins (1823) und der Königlichen Kunstgewerbeschule (1868) dar, ferner die Eröffnung der Pinakothek 1836. Die Wertschätzung der Kultur durch Ludwig I. fand zwar in abgeschwächter Form ihre Fortsetzung auch unter Maximilian, der den Akzent auf Brauchtum und Wissenschaft setzte, aber spätestens mit Ludwig II. nahm sie eine Richtung, die eher den privatistischen Flausen des Königs entsprach. Er kreierte einen aus heutiger Sicht bemerkenswert versponnenen Kunstkosmos, auf der Höhe der Gegenwart war das, wozu der König die Künstler instrumentalisierte, jedoch zu keinem Zeitpunkt. Per Ministerialbeschluss wurde 1873 etwa die Förderung einer historisierenden Monumentalkunst verordnet, während sich in Paris bereits die Impressionisten formierten. Die Akademie, die sich als Bastion der wahren Hochkultur verstand, sperrte sich folglich auch gegen jede Verquickung der Kunst mit dem Kunsthandwerk, wie es gegen Ende des Jahrhunderts im Jugendstil forciert wurde. Und während die Kunstgewerbeschule bald schon internationales Renommee genoss, vergaloppierten sich die Akademiker zusehends auf ihrem hohen Ross.

Die Münchener Kulturpolitik war weiterhin auf Repräsentation ausgelegt. Die Ausstellungsmöglichkeiten in der Stadt waren vorbildlich, und noch 1900 eröffnete Prinzregent Luitpold ein Künstlerhaus als Begegnungsstätte von Kultur und Gesellschaft sowie im Jahr darauf das Prinzregententheater, das, errichtet vom Hofbräuhaus-Architekten Max Littmann, schon bei der ersten Premiere mit der Patina des Establishments überzogen schien. 1903 genehmigte Luitpold sogar die Zulassung von Frauen an den drei Landesuniversitäten München, Würzburg und Erlangen – wenn auch nicht an Kunstakademien – und machte damit sogar in Bayern möglich, was in vielen anderen Ländern längst Usus war.

All das konnte nicht darüber hinwegtäuschen, dass die offizielle Doktrin, für die federführend die Akademie stand, auf bestem Wege war, den Anschluss an die Kunstströmungen der Gegenwart endgültig aus den Augen zu verlieren. Auch einst als revolutionär begriffene Künstlervereinigungen wie Allotria waren spürbar in die Jahre gekommen, und selbst die Secession, 1892 gegründet, hatte einiges von ihrem Elan eingebüßt. Dennoch konnte München noch lange von seinem Flair und dem erworbenem Ruf zehren, so dass sich hier weiterhin junge Künstler ansiedelten und jenseits der etablierten und offiziellen Kunst gelegentlich neue Impulse gaben. Es existierte in München eine beachtliche Reihe privater Kunstschulen, wie die von Anton Ažbe, der Schüler aus ganz Europa anzog, darunter auch den gelernten russischen Volkswirt Wassily Kandinsky, der 1896 mit seiner Frau nach München gekommen war, um sich noch einmal ganz neu zu orientieren. Ferner wurde hier bis 1902 das Literaturmagazin *Die Gesellschaft* publiziert, das sich für Naturalismus und Realismus starkmachte, und seit 1896 erschienen die Zeitschriften *Simplicissimus* und *Jugend*, die ihre Redaktionen in München hatten. 1897 gründeten Max Halbe, Ludwig Ganghofer, Richard Strauss und Ernst von Wolzogen die *Literarische Gesellschaft*, 1899 fand sich die Künstlergruppe *Scholle* zusammen und 1902 wurde von Wilhelm von Debschitz und Hermann Obrist eine Kunstschule gegründet, die explizit bildende und angewandte Kunst zusammenzuführen suchte. München war 1907 schließlich auch Gründungsort des Deutschen Werkbundes, der die Kooperation von Kunst, Handwerk und Industrie anstrebte. Gemeinsam wollte man den Nachwuchs fördern und angesichts der fortschreitenden Industrialisierung deutsche Qualitätsprodukte in funktionalem Design auf dem Weltmarkt etablieren.

Das Auseinanderdriften von politischen, wirtschaftlichen und privaten Kunstinteressen trat offen zutage und manifestierte sich in den Zensurbestimmungen, die vom Münchner Polizeipräsidenten auf das Genaueste eingehalten wurden. Seine Direktive aus dem Jahr 1903 an die Kommissare, den Buchhandlungen »hinsichtlich unzüchtiger oder anstößiger Druckschriften, Photographien und Postkarten sorgfältiges Augenmerk zuzuwenden und über die Kontrollen regelmäßig zu berichten«, schuf eine repressive Atmosphäre.[17] Autoren wie Ganghofer, Thoma, Heinrich Mann und vor allem Wedekind bekamen sie zu spüren. Fortan mussten neue Werke vor Drucklegung den Zensurbehörden vorgelegt werden. Doch selbst in diesem Spannungsfeld, das seinen Teil dazu beitrug, Berlin als kommende Kulturmetropole zu etablieren, war noch immer eine internationale Künstlerschar versammelt, die München Glanz verlieh, und der Weg von der Hochburg der Boheme zur Brutstätte des Nationalsozialismus war noch lang.

»Die Kunst blüht, die Kunst ist an der Herrschaft, die Kunst streckt ihr rosenumwundenes Zepter über die Stadt hin und lächelt«, schrieb 1902 Thomas Mann nicht ohne Ironie in seiner Novelle *Gladius Dei*. »Eine allseitige respektvolle Anteilnahme an ihrem Gedeihen, eine allseitige, fleißige und hingebungsvolle Übung und Propaganda in ihrem Dienste, ein treuherziger Kultus der Linie, des Schmuckes, der Form, der Sinne, der Schönheit obwaltet … München leuchtete.«

In dieses leuchtende München der Jugendstilzeit kam Gabriele

Münter, um hier an der Damenakademie des Künstlerinnenvereins ihre Studien wieder aufzunehmen. Es schien naheliegend, dass eine Ausbildung zur Künstlerin gerade in der Kunststadt München einen effektiven Beitrag zur Selbstverwirklichung, aber auch zur Erwerbstätigkeit der Frau bieten konnte, die vor allem für Unverheiratete essentiell war. Daher hatte man auch die Malschule ins Leben gerufen, die sich seit ihrer Gründung 1884 regen Zulaufs erfreute, denn sie setzte sowohl auf gegenseitige Anregung der Frauen untereinander, einen Austausch an Vereinsabenden, als auch auf anspruchsvollen Unterricht in Technik und Geschmacksbildung, Perspektive und Kunstgeschichte. Die Auswahl an Dozenten war heterogen. Neben impressionistischen Landschaftsmalern wie Christian Landenberger, der Künstlerin Marie Schnür und ihrem vorübergehenden Ehemann Franz Marc fand sich auch Max Feldbauer, der es später auf die »Liste der gottbegnadeten Künstler« Adolf Hitlers bringen sollte.

Münter nahm zunächst Unterricht im »Kopfzeichnen« beim Maler, Grafiker und Medailleur Maximilian Dasio, bevor sie sich dem ganzen Körper widmete und in die Akt-Klasse Angelo Janks wechselte, dessen Spezialgebiet allerdings Reiterdarstellungen waren.

Es war jedoch für Münter an der Zeit, einen Schritt über den Zeichenunterricht hinaus zu tun. Von München aus hatte sie bereits im August 1901 drei ganze Tage auf der Mathildenhöhe in Darmstadt die Ausstellung *Ein Dokument deutscher Kunst* besucht, auf der sich die dortige Jugendstil-Künstlerkolonie in allen handwerklichen, malerischen, architektonischen Facetten eines modernen Lebensentwurfs praktisch selbst ausstellte. Am Gesamtkunstwerk Mathildenhöhe hatte unter anderem auch Peter Behrens maßgeblichen Anteil, der bereits vier Jahre zuvor die *Vereinigten Werkstätten für Kunst und Handwerk* in München mitbegründet hatte. Die Vielfalt der Techniken einer Flächengestaltung – Glasfenster, Tapisserien, Intarsien – beeindruckten Gabriele

Münter. In München selbst sah sie dann Werke von Käthe Kollwitz und der Max-Klinger-Schülerin Margarethe von Brauchitsch, die »als eine der ersten Textil-Designer die Nähmaschine zum Sticken eingesetzt« hatte[18] und sich ab 1900 zur erfolgreichen Kunst-Unternehmerin entwickelte, die neben ihrer Dozentur an den *Vereinigten Werkstätten* ein Atelier mit 16 Mitarbeiterinnen betrieb, das hochwertiges Design breitenwirksam vermarktete. Ihre Stickereien hatten bereits auf der Pariser Weltausstellung 1898 Aufsehen erregt. In der Folge entwarf sie Fliesen, Tapeten und Möbel und machte sich um die Mode verdient.[19] Ihre Reformkleider, unter anderem präsentiert durch Henry van der Velde in der Zeitschrift *Kunst und Dekoration*, inspirierten auch Wassily Kandinsky.

Eine weitere charismatische Figur war der Gestalter Hermann Obrist, den Gabriele Münter bei einem seiner Vorträge an der Münchener Damen-Akademie kennenlernte. Scharf attackierte er die elegisch-verstaubte Salonkunst und forderte einen Aufbruch, ein Weiterdenken über die retardierenden Konventionen hinaus. Eins sollte ins andere greifen, das Handwerk und die Skulptur, die Weberei und die Grafik, alles verbunden durch die dekorative Linie, die sich jenseits eines eindeutigen Naturalismus mal als pflanzliches Element, mal als Landschaft, mal als mikroskopische Struktur, mal als Welle, immer jedoch als Bewegung deuten ließ.

Es galt, den Horizont zu erweitern, die Techniken zu beherrschen, die dem am besten entsprachen, was man selbst zum Ausdruck bringen wollte. Gabriele Münter sah in der Linie, die auch vom Jugendstil zelebriert wurde, ihre Stärke. Folglich ging es ihr darum, das grafische Spektrum zu erweitern und zugleich über die Zweidimensionalität hinauszugehen. So erlernte sie die Technik des Holzschnitts an der Kunstschule von Heinrich Wolff und Ernst Neumann-Neander und wechselte, angetan von den plastischen Arbeiten des gleichaltrigen Wilhelm

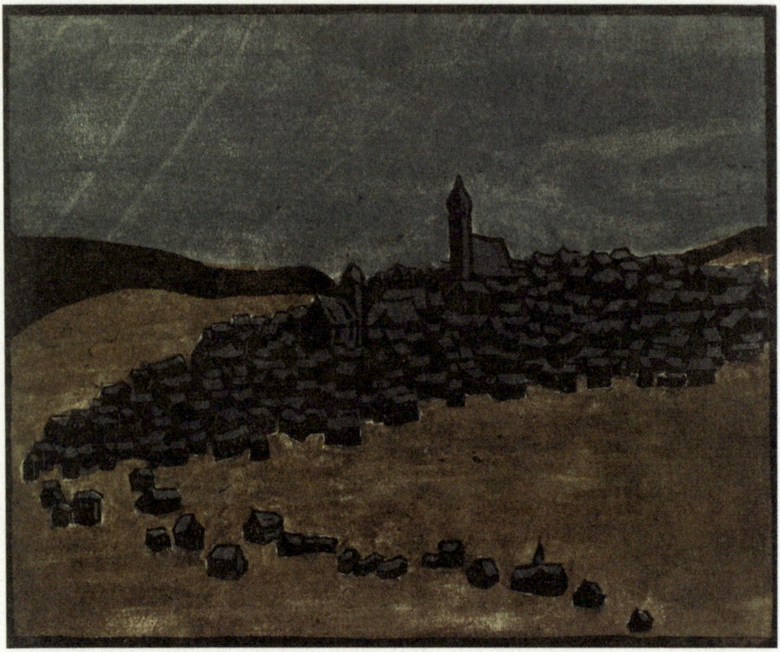

Abb. 9: *Nächtliches Dorf*, 1903-1904

Hüsgens, an die neu gegründete private Akademie der Künstlergruppe Phalanx, um Bildhauerin zu werden. Die militante Namenswahl der Vereinigung – fast schon ein Gegenentwurf zur »Scholle«, die es jedem ermöglichen wollte, ungestört und auf seine Weise seinen Grund zu beackern – zeigte zunächst Wirkung. Während ihres kurzen Bestehens organisierte man ein Dutzend Ausstellungen, und zwei der Mitglieder, Waldemar Hecker und Wilhelm Hüsgen, waren zudem Mitglieder des ersten politischen Kabaretts in Deutschland, der *Elf Scharfrichter*. Ein ebenfalls martialischer Name, der zu dem der antiken Schlachtaufstellung recht gut passte, mit der man die Bastion der etablierten Kunst zu stürmen gedachte. Bei näherem Hinsehen entpuppten sich die Phalanx-Mitglieder aber als eher sanft und friedfertig. Sowohl Hüsgens Plastiken und Herman Obrists dynamische Jugendstilornamentik als auch die impressionistischen Bilder Kandinskys waren auf der Höhe der Zeit, ohne jedoch eine avantgardistische Kampfansage zu untermauern. Ganz zu schweigen von der beklemmenden Biederkeit eines Rolf Niczky, dem Mitbegründer und ersten Vorsitzenden der Gruppe. Insgesamt eine seltsame Verbindung, die sicher nicht nur wegen des fehlenden Erfolgs ihrer Kunstschule und ihrer Ausstellungen bereits 1904 wieder auseinanderfiel.

Das Bedeutendste, was Phalanx hervorbrachte, war zweifellos die Verbindung zwischen Gabriele Münter und Wassily Kandinsky. Bei Kandinsky besuchte Münter den »Abendakt« und hatte das erste Mal das Gefühl, von einem Dozenten wirklich ernst genommen zu werden. »Da war dann ein neues künstlerisches Erlebnis, wie Kandinsky – ganz anders, wie die andren Lehrer – eingehend, gründlich erklärte und mich ansah wie einen bewusst strebenden Menschen, der sich Aufgaben und Ziele stellen kann. Das war mir neu und machte Eindruck.«[20] Die familiäre Atmosphäre der Schule gedieh auch durch die Ausflüge und längeren Arbeitsaufenthalte, die unternommen wurden. Im Sommer

1902 war Gabriele Münter mit Kandinskys Klasse in Kochel am See, wo sie erste Gehversuche auf dem Gebiet der Ölmalerei unternahm. Nachdem sie die Stationen Zeichnung, Fotografie, Holzschnitt und Skulptur mehr oder weniger intensiv durchlaufen hatte, sollte ihr die Malerei zukünftig wichtigstes Medium werden.

Kandinsky erwärmte sich für die junge Frau während der Wochen in Kochel mehr und mehr und die Beziehung nahm einen Grad an Intimität an, der ihn veranlasste, sie um ihre Abreise zu bitten, als der Besuch seiner Kusine und Ehefrau Anja Fedorovna Tschemiakina anstand. Nicht jeder besaß schließlich Nerven wie Franz Marc, der mit zwei Geliebten gleichzeitig Ferien machte, während eine dritte im Nachbarort ausharrte, um ihn zu empfangen, wenn es seine freie Zeit erlaubte.

Münter reiste ins Rheinland, um die Zeit bis Oktober bei der Familie ihres Bruders zu verbringen. Doch die Gedanken an ihre aufkeimende Liebe ließen sie auch in Bonn nicht los, und so brannte sie darauf, Kandinsky wiederzusehen, der seinerseits beharrlich um diese Liebe warb. Sie legte Wert auf klare Verhältnisse, er ging Konflikten gern aus dem Weg. Dennoch kam es im folgenden Sommer – die Sommerakademie fand diesmal im lauschigen Örtchen Kallmünz statt – zu einer Verlobung, die kaum anders als ein Heiratsversprechen für die Zeit zu verstehen war, wenn Kandinsky von Anja geschieden sein würde.

Die romantische Szenerie stimmte, sie entsprach dem Bild, das sich der Russe Kandinsky von einem idealen Deutschland machte, und der Austausch der Ringe wurde begleitet von Schwüren ewiger Treue. Seiner Ella konnte Kandinsky endlich vorbehaltlos sein Herz öffnen, seine Einsamkeit offenbaren, seine Ängste, die er hinter einer geschmeidigen Fassade verbarg. »Vor dir will ich mich nicht mehr verstecken«, versicherte er und fügte gleich hinzu: »Und wenn du einmal weit weg von mir bist und fremd zu mir bist, so musst du das alles vergessen.«[21]

Wenn offiziell auch Schülerin Kandinskys, so war sie ihm an handwerklicher Fertigkeit auf den Gebieten Zeichnung, Fotografie und Druckgrafik klar überlegen, obwohl Kandinsky den Sommer 1903 extensiv genutzt hatte, um sich die Technik des Holzschnitts beizubringen. Münters Sicherheit in Bezug auf die Linie fand ihren Ausdruck auch in der Bewertung der dekorativ-symbolistischen Grafik Kandinskys, die sie ihm gegenüber als zu verspielt kritisierte. Münter besaß eine ausgeprägte Fähigkeit zur Einschätzung ihrer eigenen Fähigkeiten, dessen, was sie beherrschte, und dessen, woran sie noch zu arbeiten hatte. Die Zeichnung, so hatte sie selbst den Eindruck, war ihr angeboren.

Kallmünz inspirierte sie, ein Motiv in verschiedenen Medien zu erproben. So hat sie etwa das alte Torhaus unterhalb der Dorfkirche in der Vilsgasse sowohl gezeichnet als auch fotografiert und dabei ihren Standpunkt so gewählt, dass der barocke Kirchturm, der dem Bild Postkartencharakter verliehen hätte, nicht mehr zu sehen war. Die Fotografie setzte sie anschließend in einen farbigen Holzschnitt um. Sowohl Foto als auch Grafik überzeugen durch die düstere Tonalität und die klaren Linien der Baukörper, die durch dunkle Schlagschatten in ihrer Reduktion noch betont werden. Das impressionistisch gespachtelte Gemälde desselben Motivs fügt sich dagegen nicht in die Reihe und ist von kleinteilig-verspielter Beliebigkeit.

Stehen Fotografie und Holzschnitt für den Weg, den Gabriele Münter zukünftig gehen würde, so scheint sie der impressionistische Einfluss Kandinskys auf dem Gebiet der Malerei in ihrer künstlerischen Entwicklung vorübergehend eher zurückzuwerfen, was nicht bedeutet, dass die Auseinandersetzung mit seinen theoretischen Überlegungen ihr nicht klarere Vorstellungen davon gegeben hat, wie sie die Verdichtung und Vereinfachung der Motive weiter vorantreiben könnte. Bereits 1899 hatte er sich deutlich vom »exakten, mikroskopischen Kopieren der Natur« distanziert und sich für das Extrahieren und Komprimieren verschiedener Naturerscheinungen ausgesprochen, um »das Körnchen reiner Schönheit« zu suchen und zu finden und sich so von der »totalen Abhängigkeit von der Natur« zu befreien. Mit Blick auf die Kunstfotografie um 1900 und vor allem ihre beliebte Gummidruck-Technik, erkannte er auch hier neue Möglichkeiten und fragte: »Hätte man sich noch vor kurzen, etwa vor 10 Jahren, vorstellen können, dass es möglich ist, diesen *eigenen Blick* durch ein scheinbar so mechanisches Medium wie die Fotografie wiederzugeben?« Die Bestrebungen einzelner Fotografen aber, fährt Kandinsky fort, hätten bewiesen, dass die Fotografie inzwischen als individuelles Ausdrucksmittel tauge und zu Recht ihren Platz in Kunstausstellungen einnehme: Durch diese »Photo-Revolution hat sich die Photographie zur Ebene der Kunst erhoben«.[22]

Nach Ende der Zeit in Kallmünz reiste Münter erneut nach Bonn, und wieder dauerte es Monate, bis sie Kandinsky im November in München wiedersah. Bislang hatte sie in der Pension Bellevue, in der Theresienstraße 30 zwischen Pinakothek und Englischem Garten, gewohnt, nun nahm sie sich eine schöne Wohnung in der Schalckstraße 4, wenige hundert Meter entfernt vom Heim des Ehepaars Kandinsky, das in der Friedrichstraße 2 lebte. Die Fotografien, die sie von ihren Räumen machte, zeigen den Stolz auf das eigene Heim: Nicht mehr in den Häusern von Verwandten oder in Pensionen leben, sondern in einer Umgebung, die sie selbst gestalten konnte mit allem, was ihr lieb und wichtig war. Auf ihren Aufnahmen stellt sie dieses Apartment geradezu aus, drapiert ihre lebensgroßen Aktstudien, das Skelett als Verweis auf ihre Kenntnisse der Anatomie, die Staffelei, die Palette auf dem Klavierschemel, den Klavierschemel auf dem Schaffell. Das ist ihr Heim, hier ist alles versammelt, was an Objekten ihr Leben bereicherte. Nur der Geliebte fehlte. Aber Anja würde ihren Mann ziehen lassen. So standen die Dinge. Und doch sollten noch Jahre vergehen bis zu einem gemeinsamen Haushalt mit Wassily Kandinsky. Oft genug war sie umgezogen,

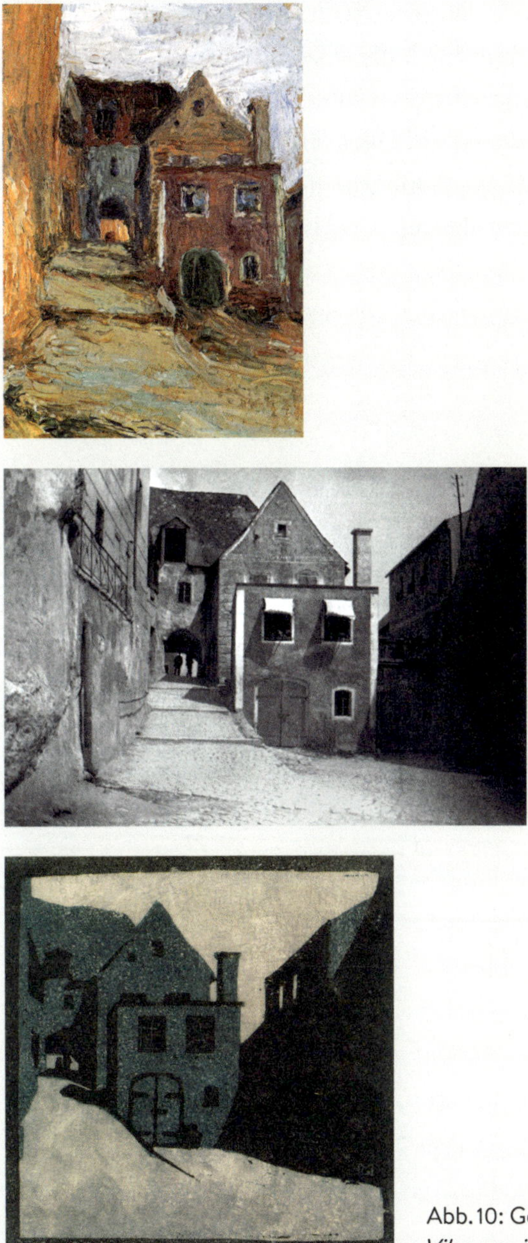

Abb. 10: Gemälde, Foto, Holzschnitt: *Vilsgasse in Kallmünz,* 1903

in einem halben Dutzend deutscher Städte hatte sie gelebt, dazu kam noch ihre zweijährige Tour durch die USA mit noch einmal so vielen Stationen. Sie war inzwischen 26 Jahre alt und wünschte sich anzukommen. Stattdessen forderte ihr Geliebter, auf Reisen zu gehen, Monate und Jahre in der Fremde zu verbringen, quasi als Weg der Prüfung für ihre Beziehung. Vor allem aber auch, weil er sich unwohl dabei fühlte, mit Gabriele Münter in München öffentlich aufzutreten, solange er noch mit seiner Ehefrau zusammenlebte. Die eigene Wohnung war daher nur ein kurzes Glück.

Unterwegs mit Kandinsky

Kandinsky beendete seine Lehrtätigkeit an der Phalanx-Akademie, während Münter, nachdem sie ihre Wohnung gekündigt hatte, in Bonn zähe Wochen lang auf ihn wartete. Sie trafen sich schließlich in Köln und besuchten im ambitionierten Krefelder Kaiser-Wilhelm-Museum die Ausstellung »Linie und Form«, deren Titel bereits den Bestseller des *Arts and Crafts*-Vorkämpfers Walter Crane zitierte und ästhetische Erzeugnisse aus Natur, Kunst und Technik gegenüberstellte. Den Unterschied zwischen Hoch- und Gebrauchskunst galt es zu überwinden, das sahen auch Münter und Kandinsky so.

Über Düsseldorf ging die Fahrt nach Bonn, wo Kandinsky Münters Geschwister kennenlernte. Mit dem Schiff fuhr das Paar dann den Rhein abwärts bis Rotterdam. Doch schon die anschließenden Wochen in Holland entsprachen nicht den Vorstellungen von einer unbeschwerten Entdeckungsreise. Außer Frage stand dennoch, dass man einen zweiten Anlauf nehmen würde. Zunächst aber verstrichen weitere sechs Monate, in denen Kandinsky in München einigermaßen die Trennung von seiner Frau zu regeln suchte und zu seiner Familie nach Odessa fuhr. Dass Gabriele Münter so freundlich war, sich in dieser Zeit abseits von München zu halten und stattdessen erneut in Ungewissheit bei den Geschwistern auszuharren, war ganz im Sinne Kandinskys.

Das Reiseziel schien nebensächlich. Mal war von Spanien die Rede, dann von Ägypten, rund drei Wochen vor Abfahrt sprach Kandinsky dann von einer Tour über Paris nach Marseille und von dort nach Tunis, Tanger und Ägypten. Genauere geografische oder orthografische Vorstellungen von den Orten besaß er nicht, aber Münter würde schon die entsprechenden Baedeker besorgen.

Am 6. Dezember wurde es ernst. Das Paar verbrachte tatsächlich den Winter in Tunis, um über Italien zurückzukehren und sich für die Monate Mai bis August 1905 gemütlich in Dresden einzurichten. Im November fanden sie sich in Brüssel wieder, dann in Mailand und Rapallo, um von dort im Mai 1906 für ein Jahr in den Dunstkreis von Paris, nach Sèvres, überzusiedeln. Den Sommer 1907 verbrachten sie mit Wander- und Radtouren durch die Schweiz, um ab September für acht Monate nach Berlin zu ziehen. Zuletzt durchstreiften sie rastlos Südtirol, bevor sie am 8. Juni 1908 angefüllt mit Eindrücken, aber vor allem erschöpft, nach München zurückkehrten.

Ein vierjähriges Kontrastprogramm zwischen Inspiration und Improvisation, zwischen Exotik und Bergwelt, Kulturmetropole und Landleben lag hinter ihnen. Für Münter waren es eher zerrissene Jahre, auch wenn sie unterwegs ihre kreativen Fertigkeiten weiter verfeinern konnte. Ihr künstlerisches Rüstzeug im Gepäck, hatten sie sich auf dem Weg nach Tunis zudem mit Stoffen und Glasperlen eingedeckt, so dass sie mehr oder weniger beschauliche Stunden des mediterranen Winters in ihrem ungeheizten und feuchten Zimmer und auf der Hotelterrasse mit Handarbeiten nach Entwürfen Kandinskys verbrachte – es entbehrt nicht der Ironie, wenn eine Fotografie zeigt, wie sie in Tunis »Wolgaschiffe« stickt.

Den Baedeker hätte sie auch zu Hause lassen können, denn Sehenswürdigkeiten waren bestenfalls Randnotiz ihres Aufenthalts. Erst nach sechs Wochen in Tunis besuchten sie das wenige Kilometer entfernte Karthago, Sousse und Kairouan wurden kurz vor Abfahrt im Schnelldurchlauf mit lokalem Führer abgehakt.

Mehr noch als antike Ruinen und Stickereien scheint Münter die unmittelbare arabische Kultur, das Straßenleben und die Gassen der Hauptstadt des französischen Protektorats, fasziniert zu haben, in die sie auf sicheren Pfaden hineinschnupperte. Wie bereits in den USA richtete sie aufmerksam die Kamera auf das für sie Fremdartige, das sich so gut in ihre Art zu sehen einfügte. Nicht nur die weißen Würfelhäuser passten bestens in ihre Vision einer reduzierten Gegenständlichkeit, wie sie sich in ihrem Werk immer mehr herausbildete, auch das Licht und die Farben kamen ihr entgegen. Die kleinformatigen Ölgemälde und Temperabilder, Zeichnungen und Fotografien haben Studiencharakter und waren dafür gedacht, später in größerem Format ausgeführt zu werden. Wie Kandinsky kam auch Münter in den folgenden Jahren wiederholt auf orientalische Themen zurück.

Die Furcht, mit Münter in München gemeinsam gesehen zu werden, eventuell gar bei einer gemeinsamen Ankunft am Bahnhof, nahm bei Kandinsky leicht phobische Züge an. Er entschloss sich, um diese Situation zu vermeiden, Münter vorausfahren zu lassen und selbst in Innsbruck die Reise zu unterbrechen. Folgerichtig galt es, auch München bald wieder zu verlassen. Während Münter wieder in der Pension Stella abstieg, fuhr Kandinsky nach Dresden, um dort eine Bleibe für den Sommer zu suchen. Radtouren, Wanderungen und ein weiterhin zurückgezogenes Leben bestimmen die heißen Monate in Sachsen, dann war es diesmal Kandinsky, der nach München zurückkehrte, während Münter zu ihrer Familie reiste. Der anschließende Winter in Italien war vielleicht der entspannteste dieser Reisejahre. Entzückt von Sestri Levante, einer italienischen Variante von Kallmünz, gelegen zwischen Baia delle Favole und Baia del Silenzio, zwischen Fabeln und Stille, nahm sie erneut ihre Kamera zur Hand. Nach Weihnachten packten sie, um nach Rapallo überzusiedeln, das sich in wenigen Minuten mit der 30 Jahre zuvor eingerichteten Zugverbindung erreichen ließ. Dort bezogen sie eine Wohnung an der Bahnstrecke Genua–Neapel, ein Ambiente, das Münter vor allem als »echt italienisch« empfand.

In der geruhsamen und auch zwischenmenschlich harmonischen Atmosphäre des winterschlafenden Badeorts entstanden Fotografien, die

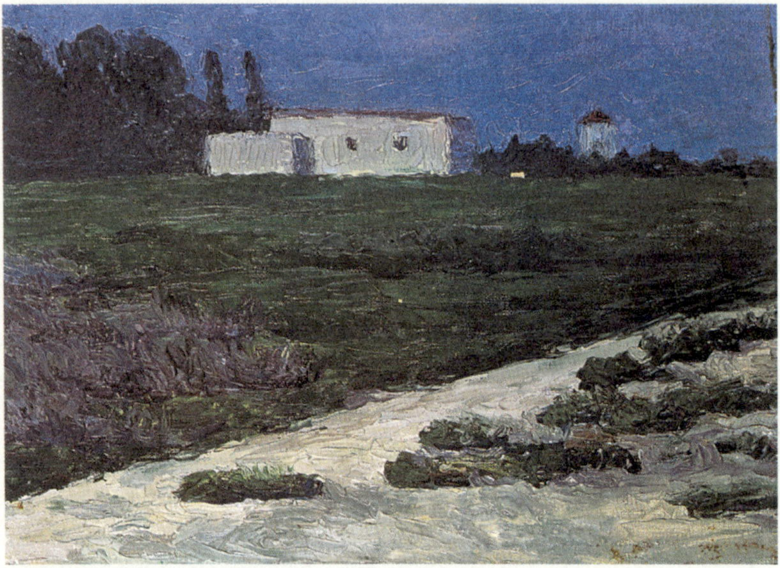

Abb. 11: *Tunislandschaft*, 1905

nun deutlich über den dokumentarischen Anspruch hinausgingen und sich als stimmungsvolle Impressionen ganz auf der Höhe des Piktoralismus bewegten, der aktuell den Diskurs um die Fotografie als Kunst bestimmte. Gleichzeitig entstanden erste Stillleben. Ihre Komposition mit Apfel, Weinflasche und Blumenkohl auf blauem Tuch ist mindestens ebenso Farb- und Faltenstudie wie Natura morta und wirkt, als wolle die Künstlerin das soeben von den Brüdern Lumière entwickelte Autochrome-Farbfoto-Verfahren mit den Mitteln der Malerei nachahmen.

In Paris, das sie am 22. Mai 1906 erreichten, offenbarten sich die unterschiedlichen Bedürfnisse der beiden Künstler so deutlich wie nie zuvor. Schon in Tunis hatte sich zwar angedeutet, dass Kandinsky sozialen Kontakten gegenüber wenig aufgeschlossen war, doch in der international führenden Kulturmetropole wurde nun unübersehbar, dass Münter die Stadt inhalieren wollte, während Kandinsky sich abkapselte. Er, der während der Pariser Monate seinen 40. Geburtstag beging, kannte Paris bereits und bevorzugte es, nach einem Monat im Quartier Latin in eine Vorortbleibe umzuziehen, in die Petite Rue des Binelles in Sèvres, in ein Landhaus mit Blick auf das Örtchen und das kleine Schloss im Park von Saint-Cloud. Er suchte die Ruhe, es genügte ihm, für sich zu sein, während sie, 29-jährig und neugierig, ihrem Unwillen, diese Klausur dauerhaft zu teilen, Ausdruck verlieh, indem sie sich ein Zimmer im 6. Arrondissement (Rue Madame 58) mietete und das Pariser Kulturleben intensiv auskostete. Sie wohnte im selben Haus wie der Kunstsammler Michael Stein, Bruder der berühmten Dichterin Gertrude, und traf, auch wenn sie den beliebten Künstlertreffpunkt, das Café du Dôme am Boulevard Montparnasse, weniger frequentierte, deutsche Kollegen, besuchte Galerien und Museen und trieb sich an der nahe gelegenen Akademie de la Grande Chaumière herum. Dort erhielt sie von Théophile Alexandre Steinlen, dem grandiosen Zeichner und Grafiker sowie engagierten Sozialreformer, ein Lob für ihre Mappe,

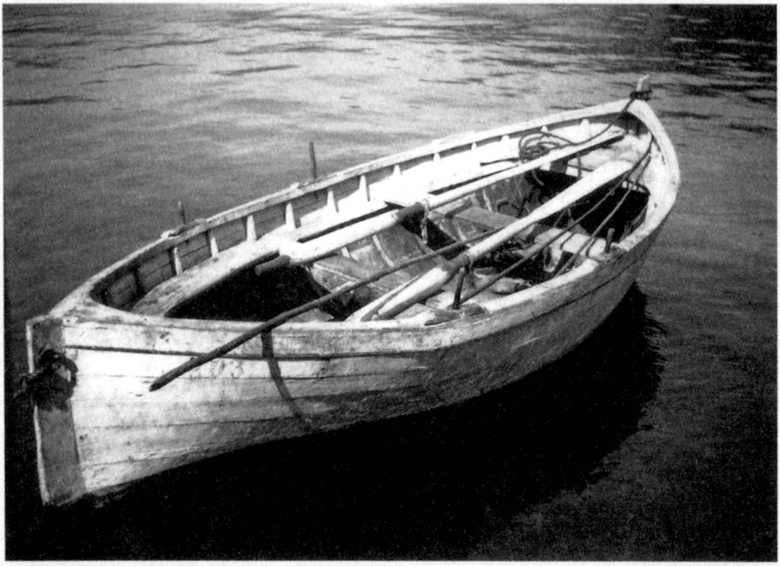

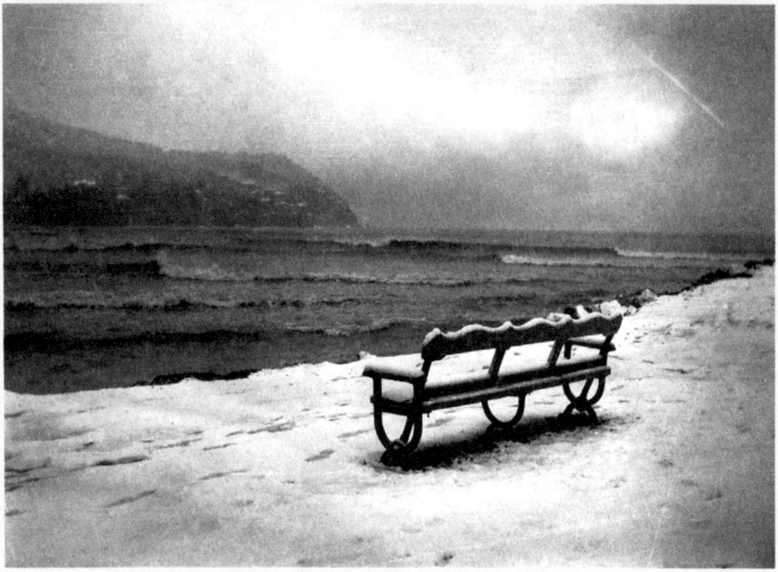

Abb. 12: *Ruderboot* und *Verschneite Bank*, Rapallo 1906

das sie beflügelte und bestätigte, wie kaum ein Lob zuvor.[23] Man konnte sich hier auch nur wochen-, tage oder stundenweise einschreiben und das Atelier nutzen. An die Offenheit und zugleich Anonymität der Schule erinnerte sich auch der Schriftsteller Julien Green, der einige Jahre später unverbindlich vorbeischaute: »Ich verspürte ein leichtes Herzklopfen, als ich das Atelier betrat, in Erwartung von ich weiß nicht was in der Art von Murger und der *Scènes de la vie de Bohème*[24] und dem entsprechenden lustigen Tohuwabohu, aber nichts dergleichen empfing mich. In dem großen Saal mit der hohen Decke saßen Männer jeden Alters nahe beieinander und zeichneten ein Modell, das sich auf einer Art Podium befand. Niemand beachtete mich. Es gab weder spöttische Bemerkungen noch Scherze, die ich befürchtet hatte. Ich hatte vielmehr das Gefühl, dass man mich nicht einmal wahrnahm, und ganz vorsichtig setzte ich mich irgendwohin.«[25]

Ein Höhepunkt ihrer Pariser Zeit war sicher Münters Teilnahme am Salon des Indépendants, der als unjurierte Massenshow seit 1884 stattfand. Hier teilgenommen zu haben wirkte für viele ausländische Künstler in der Heimat wie ein Gütesiegel. Sie waren am Puls der Zeit.

Hatten die vergangenen zwei Salons 1905 und 1906 den Durchbruch der Fauvisten markiert, so diversifizierten sich die Stile 1907 bereits wieder. Vor allem das Label »unabhängig«, das der Salon für sich reklamierte, dürfte Gabriele Münter besonders imponiert haben. Denn Unabhängigkeit, das war etwas, was auch sie ihr Leben lang für sich in Anspruch nehmen sollte. Sie befand sich mit sechs Impressionen in Öl als eine unter Hunderten von Künstlerinnen und Künstlern, aber eben auch in Gesellschaft von Matisse, Derain und Braque. Neben ihnen ging sie, wie auch Kandinsky, sang- und klanglos unter, doch die Ausstellung brachte ihr die wichtige Erkenntnis, dass sie sich mit den postimpressionistischen Spachtelbildern auf dem Holzweg befand. Sowohl hinsichtlich dessen, was en vogue war, als auch hinsichtlich dessen, was sie selbst wollte. Der heiter flirrende Impressionismus war für sie bestenfalls geeignet, den Umgang mit der Farbe zu erkunden und sie »so selbstverständlich und unangestrengt zu beherrschen wie die Linie«[26], doch der Elan, mit dem sie sich auf die Verfeinerung der Drucktechniken Holzschnitt und inzwischen auch Linolschnitt warf, zeigt, dass sie ihre Energie auf für sie schlüssige Weise bündelte. In den Monaten in Berlin fand die Auseinandersetzung mit dem Holzschnitt ihre Fortsetzung, dort entstand auch eine Serie von Kinderspielzeug-Motiven, zu denen sie das Spielzimmer ihrer Nichte Friedel angeregt hatte. Ihre Veduten und Bildnisse, die sie in zahlreichen Zeichnungen, gelegentlich auch Aquarellen, vorbereitete und in Farbvarianten erprobte, wirken geradezu zeitlos modern. Folgerichtig reichte sie zu den nächsten Pariser Salons nun nur noch ihre exzellente Grafik ein und erhielt entsprechend erfreuliche Kritiken.

Während ihres Paris-Aufenthalts war Paul Cézanne gestorben und damit als zentrale Gestalt der anbrechenden Moderne noch mehr im Gespräch als ohnehin. Cézanne hatte den Impressionismus in reduzierte flächige Farbfelder weitergeführt, die bereits den kommenden Kubismus vorausahnen ließen. Die längst etablierte Künstlergruppe der Nabis, die sich nicht ganz ohne Ironie als Propheten (Nabī = hebräisch Prophet) verstand, wollte ihrerseits im Sinne Émile Bernards und Paul Gauguins das Diktat der Außenwelt und des an sie gekoppelten Naturalismus überwinden und pflegte zugleich ihr Faible für den japanischen Holzschnitt: Gabriele Münter konnte erkennen, dass der reduzierte Blick, den sie in ihrer Fotografie und Druckgrafik pflegte, hier bereits namhafte Wegbereiter hatte. In der Reduktion mehr zu zeigen als das, was sichtbar ist, Gefühle, das Wesen der Dinge, tiefere Zusammenhänge, darum ging es. Die Mittel dazu schienen auf der Hand zu liegen. Vereinfachung, Verzicht auf perspektivische Effekte, leuchtende Farben, voneinander durch dunkle Stege getrennt, wie bei Kirchenfenstern oder wie bei Email-

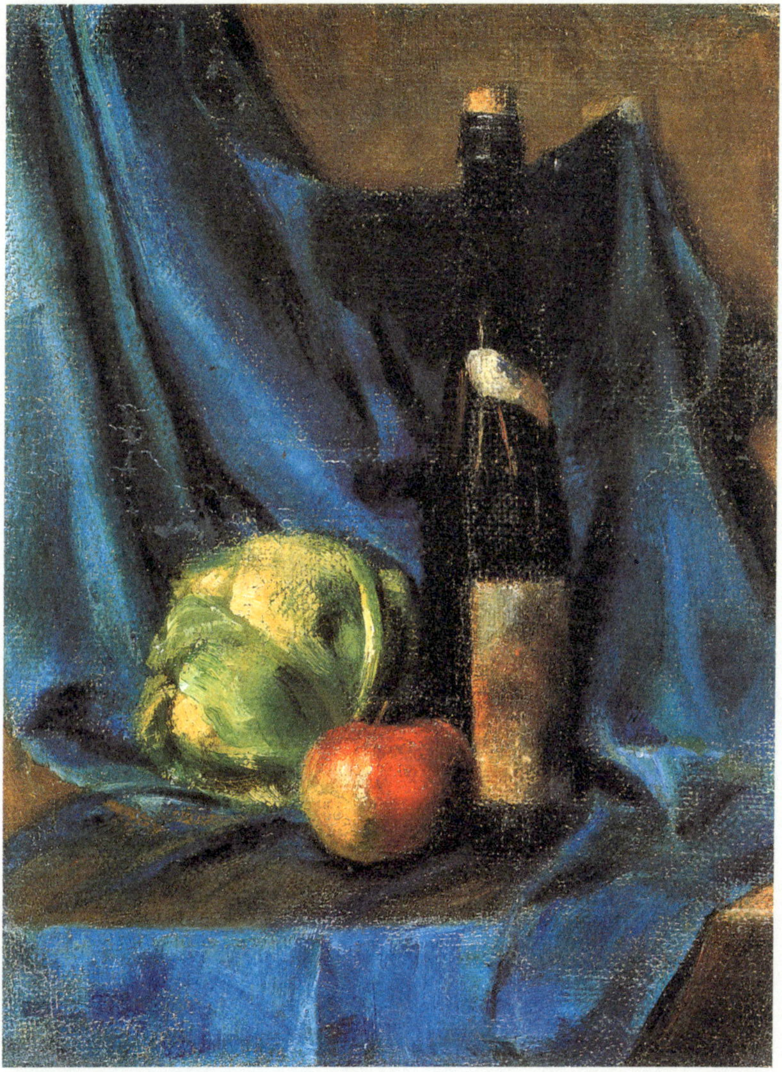

Abb. 13: *Stillleben mit Blumenkohl*, 1906

arbeiten, bei denen die einzelnen Flächen durch feine Drähte separiert wurden (Cloisonné-Technik). Dann die Abkehr vom Impressionismus und Pointilismus, der auflöste, statt zusammenzufassen. Konzentration auf die zentralen Fragen, das ging nur durch Synthese (Synthetismus), nicht durch Zerstreuung.

Die neueste Richtung, die der sogenannten wilden Bestien, der Fauvisten, die Klänge aus reinen Farben, einfach, flächig, ohne Modellierung und ohne Illusionismus propagierten, konnte ebenfalls nicht ohne Wirkung auf das bleiben, was Gabriele Münter in den kommenden Jahren für sich reflektieren und weiterentwickeln würde. Vor allem der Eindruck der Fauvisten bewirkte auch bei Kandinsky ein Umdenken. Hatte er den Neoimpressionismus bislang für die Speerspitze der Avantgarde gehalten, wurde ihm angesichts des Wirbels um die Wilden in den Pariser Salons der Jahre 1905 und 1906 klar, dass hier ein neues Zeitalter anbrach, das den Impressionismus, der in Deutschland noch immer als Bürgerschreck taugte, recht alt aussehen ließ.

Kandinskys großes Gemälde *Das bunte Leben* ist eine Hommage an die russische Volkskunst, eine Addition von lachenden, essenden, betenden, musizierenden, mordenden Gestalten unter Bäumen an einem Gewässer. Eine Madonna, ein Ritter, ein Liebespaar, ein Priester, ein Wanderer. Im Hintergrund eine Schlacht, ein Friedhof, eine Stadt auf einem Felsen und ein Paar, das auf dem Gewässer eisläuft. Der ganze Kosmos des Lebens in ein Bild gepackt, hingetupft wie ein Eduard Vuillard, doch zugleich von einer grobgeschnitzten Naivität, die dem intellektuellen Künstler so wenig entspricht. Das Bild, eingereicht zum Pariser Herbstsalon 1907, offenbart eine Schaffenskrise, auf die dringend auch bei ihm ein Umbruch folgen musste. Das war nicht die Kunst, auf die Frankreich gewartet hatte. Und es war auch nicht die Kunst, die in Deutschland eine Zukunft haben würde, wie Wilhelm Hausenstein in seinem Buch *Malerei, Plastik, Zeichnung. Die Kunst der Gegenwart* 1914

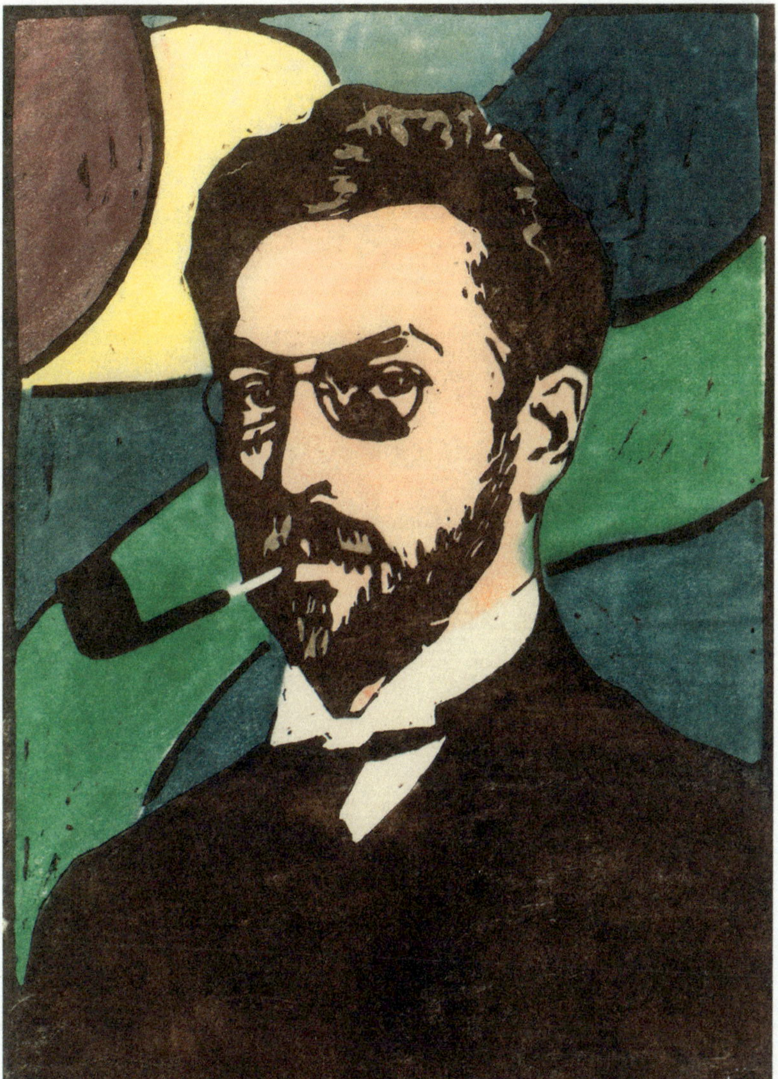

Abb. 14: *Porträt Kandinsky*, 1906

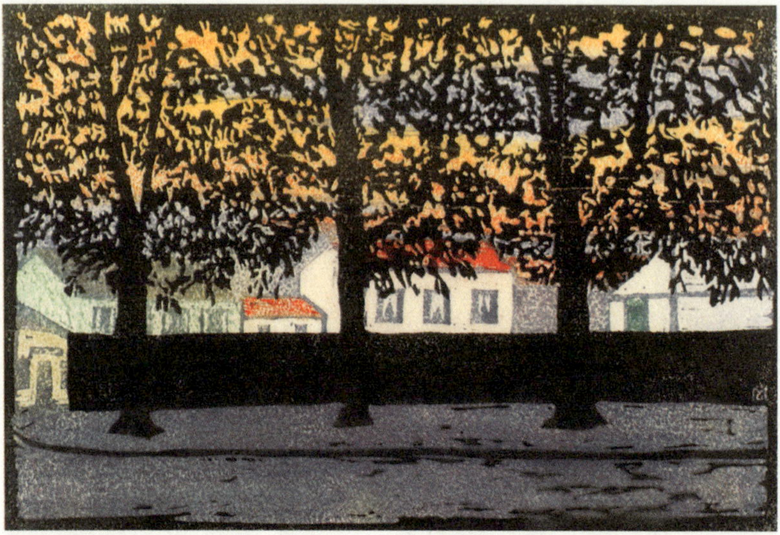

Abb. 15: *Herbst in Sèvres*, 1907

unverhohlen konstatierte. Was Kandinsky vor 1908 geschaffen hat, sei für den progressiven Kunstkritiker »von einem mittelmäßigen Impressionismus« und biete »Figuralkompositionen von der schlimmsten kunstgewerblichen Sorte«.

Das galt es möglichst schnell hinter sich zu lassen. Gemeinsam würden Münter und Kandinsky im kommenden Jahr und in gebührendem Abstand zu Paris einen großen Schritt in Richtung Moderne unternehmen.

Ausbildungsmöglichkeiten für Frauen

»Die Frau nimmt männische Züge an, wenn sie es unternimmt, in der Kunst in Wettbewerb zu treten«, warnte der einflussreiche Kunstkritiker und Chefredakteur der Monatszeitschrift *Kunst und Künstler*, Karl Scheffler. Wenn Frauen aber wie Männer sein wollten, »wird die Einheit schaffende Anlage im Seelischen zerstört«, die sie zur Mutterschaft bestimme.[27] Vor allem der Architektur müsse die Frau unbedingt fernbleiben, denn »es fehlt ihr der künstlerische Raumsinn« und die Fähigkeit, Statik mathematisch zu begreifen. Architektur bleibe bei ihr folglich toter Formalismus. Skulptur wiederum sei ein Kind der Baukunst, verbunden mit der Idee des Dynamischen, die jenseits weiblicher Vorstellungskraft liege. Die Malerei schließlich verlange Sinn für Komposition, Raum und Fläche, den Frauen nicht besäßen. Folglich bleibe ihnen nichts anderes übrig, als das nachzuahmen, was Männer bereits vorgedacht hätten.[28]

Schon der Kunsthistoriker Wilhelm Lübke hatte 1862 allen Trost gespendet, die sich anschickten, diesen Umstand zu beklagen: »Solange sie so vortreffliche Töchter, Gattinnen und Mütter sind, mögen wir, dünkt mich, es leicht ertragen, wenn sie keine Raffaels und Michelangelo's werden.« Denn die Männer hätten sich wahrlich nicht zu beklagen, »daß die eigentliche Größe der Frauen in der Pflege des Hauses wurzelt«.[29]

Die Ressentiments gegen eine Ausbildung und gegen Kunst von Frauen hielten sich zäh. In seinem »kunstgeschichtlichen Hausbuch« *Die Frau in der bildenden Kunst* von 1905 erklärte Anton Hirsch den Frauen die angemessenen Ziele der Emanzipation. Vernünftige Emanzipation meine nicht die Aneignung männlicher Rechte, sondern die Einforderung eigener, weiblicher Rechte. »Die weibliche Bildung«, so

Hirsch, »zieht auch zugleich die Schranken der Weiblichkeit, die eine Frau niemals ungestraft durchbrechen wird. Wie der weibische Mann, so ist auch das Mannweib ein Greuel.« Dennoch bleibe festzuhalten, dass die Künste noch am ehesten geeignet seien, dem feinfühligeren Geschlecht eine Heimat zu werden.[30]

Es gab spätestens seit der Renaissance immer ein paar wenige Frauen, die sich in den Kunstbetrieb mischten und den Männern Konkurrenz machten. Und im 19. Jahrhundert wurden es sogar ein paar mehr. Da waren die Impressionistinnen Berthe Morisot (1841–1895), die als Tochter aus wohlhabendem Hause Privatunterricht bei Camille Corot nahm, und Mary Cassatt (1844–1926), Bankierstochter, die an der ältesten US-amerikanischen Kunstschule, der Pennsylvania Academy of the Fine Arts, studierte, an der Männer und Frauen ab 1844 fast gleichberechtigt zugelassen waren. Einziger, wenn auch nicht unwesentlicher Unterschied: Aktzeichnen kam für Frauen nicht infrage.

Oder Eva Gonzales (1847–1883), die aus einer Künstlerfamilie stammte und mit Manet befreundet war, sowie Marie Bracquemond (1840–1916), der der finanzielle Hintergrund fehlte, um selbständig ihren Weg zu gehen. Verheiratet mit einem Künstler, stand sie zu Lebzeiten im Schatten ihres Mannes, der ihre stilistischen Bezüge zum Impressionismus so lange missbilligte, bis sie die Malerei aufgab.

Nur langsam wurde Frauen in Europa der Zugang zu staatlichen Kunstakademien ermöglicht. In Deutschland gab es nur die Möglichkeit, privaten Unterricht zu nehmen oder eine Damenakademie zu besuchen, wie sie ab Mitte der 1860er Jahre in mehreren Städten entstanden. In beiden Fällen war man als Frau nicht vor einer herablassenden Haltung der meist männlichen Dozenten gefeit, wie sie auch in der gängigen Literatur über das Verhältnis zwischen Frauen und Kunst ihren Niederschlag fand, was unter anderem bedeuten konnte, dass die »großen« Genres der Malerei, wie das Historienbild, einfach nicht auf dem

Lehrplan standen. Zudem wurde selbstverständlich ein Honorar fällig, das den Zugang auch zu diesen Akademien nicht jeder ermöglichte.

Mit dem Lette-Verein in Berlin, der 1866 unter der Schirmherrschaft Viktorias von Preußen seine Tore mit dem Ziel öffnete, vor allem alleinstehenden Frauen eine Berufsausbildung zu ermöglichen, und mit der Zeichen- und Malschule des Vereins Berliner Künstlerinnen, die zwei Jahre später gegründet wurde, war ein Anfang gemacht. 1884 folgten in München und 1885 in Karlsruhe Damen-Kunstschulen, an denen überwiegend Professoren unterrichteten, die auch an den Männer-Akademien tätig waren und damit zwar ein entsprechendes Niveau garantierten, zugleich aber überwiegend zu jenen gehörten, die mit Nachdruck gemischte Klassen an staatlichen Institutionen ablehnten.

Ein Hauptargument, den Frauen den Zugang zu diesen Akademien zu verwehren, war die unvorstellbare Situation, Frauen gemeinsam mit Männern in einem Raum einen Akt zeichnen zu lassen. Der sittliche Verfall schien unausweichlich, schließlich war es auch den Männern erst seit 1850 gestattet, das andere Geschlecht zu künstlerischen Zwecken in Augenschein zu nehmen.[31]

Wer unter entspannteren Bedingungen studieren wollte, musste ins Ausland gehen. Vor allem in Paris wurde auch Frauen ein hochkarätiges Kunststudium ermöglicht, das unter weitgehend gleichwertigen Bedingungen stattfand. Besonderen internationalen Ruhm genossen hier die Académie Julian, 1868 vom Maler Rodolphe Julian gegründet, und die Académie Colarossi, zwei Jahre später durch den Bildhauer Filippo Colarossi eröffnet. Auch eine lange Reihe deutscher Künstlerinnen nutzte die Gelegenheit, hier das eine oder andere Semester zu studieren. Bei Julian waren unter anderem Sabine Lepsius, Clara Westhoff, Hilla von Rebay und Käthe Kollwitz eingeschrieben, während Julie Wolfthorn, Paula Becker, Thea Schleusner und Ida Gerhardi die Schule

Colarossis besuchten. Manche nur für wenige Monate, manche über Jahre.

Das soll nicht darüber hinwegtäuschen, dass staatliche Kulturinstitute auch in Frankreich keine Bastionen des Fortschritts waren. So gab es auch an der ehrwürdigen École des Beaux-Arts in Paris erst ab 1900 eine Frauenklasse, es dauerte weitere elf Jahre, bis eine Frau das erste Mal den bedeutenden Prix de Rome gewinnen konnte, und erst 1980 wurde das erste weibliche Mitglied in die Académie Française berufen.

In Deutschland war der allgemeine Zugang zu den staatlichen Akademien erst nach dem Ende des Kaiserreichs und nach der Einführung des Frauenwahlrechts möglich, daher mussten sich die »Malweiber« vor 1919 mit nichtstaatlichen Optionen – Kunstlehrern oder privaten Akademien – begnügen. Ein anderer Weg zu einer künstlerischen Ausbildung führte über Lehrerinnenseminare oder Kunstgewerbeschulen, wie die Königliche Kunstgewerbeschule München, die, 1868 gegründet, ab 1874 auch Frauen aufnahm. Dort genossen Frauen größeren Freiraum, denn die handwerkliche Ausrichtung und die dort kultivierte ornamental-dekorative Ästhetik empfanden die »richtigen« Künstler nicht als Konkurrenz.

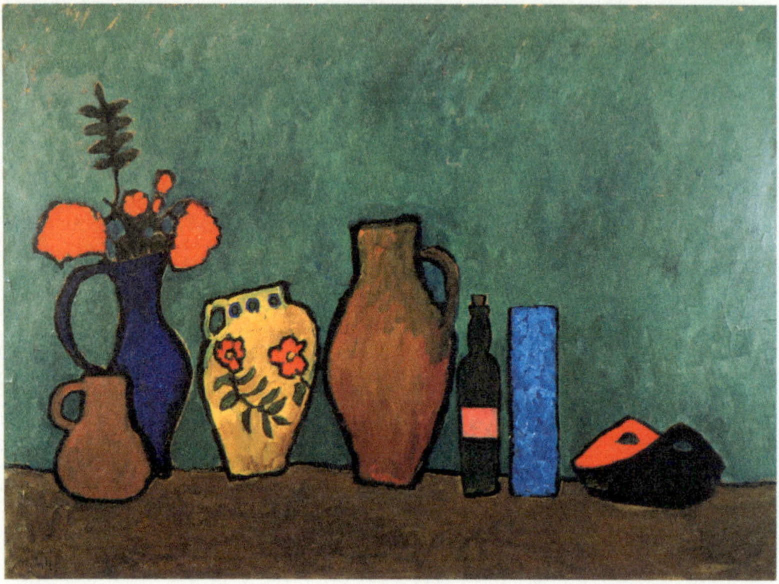

Abb. 16: *Stillleben mit Vase, Flaschen und Geranien*, 1908-09

Ein Spätsommer in Oberbayern

Heimgekehrt von der Reise, sollte im Sinne Gabriele Münters alles besser werden, so schien es. Die Entscheidung für ein solides, sesshaftes Leben war im Grunde gefallen, auch wenn sie und Kandinsky weiterhin in »wilder Ehe« und in getrennten Wohnungen lebten. Kandinsky mietete sich im Hinterhaus der Ainmillerstraße 36 ein, während Münter in Warteposition wieder ein Zimmer in der Pension Stella (Adalbertstraße 48) bezog. Gemeinsam durchstreifte das Paar die bayerischen Landschaften, kam dabei auch in das mit der Bahn gut erreichbare Murnau und berichtete euphorisch ihren Schwabinger Nachbarn Marianne von Werefkin und Alexej von Jawlensky von dem idyllischen Ort am Staffelsee, die sich daraufhin im Murnauer Gasthaus Griesbräu einquartierten. Kandinsky hatte seinen Landsmann Jawlensky an der Ažbe-Malschule kennengelernt, an der der Kavallerieoffizier ebenfalls als Quereinsteiger Kurse in Malerei belegte.

Bald schon waren auch Münter und Kandinsky wieder in Murnau zur Stelle, um jenes ungleiche Quartett zu komplettieren, das dem Expressionismus so wegweisende Impulse geben sollte. Von Mitte August bis 30. September 1908 weilten die vier am Staffelsee. Es tat Münter gut, die Wochen über in regem Austausch mit Jawlensky und Werefkin zu stehen. Man konnte über die jeweiligen Eindrücke sprechen, die man in den zurückliegenden Monaten und Jahren, vor allem in Paris, gewonnen hatte, man konnte sich auf sich selbst besinnen und die eigene Position festigen – durchaus auch in Abgrenzung zu anderen zeitgenössischen Tendenzen.

Im September 1908, während des Aufenthalts der Freunde in Murnau, erschien im Münchener Piper Verlag die Dissertation *Abstraktion und Einfühlung* des jungen Kunsthistorikers Wilhelm Worringer, eine Lektüre, die vor allem bei Kandinsky nachwirkte, auch wenn er sich selbst eher abfällig äußerte, wenn es darum ging, dass Nichtkünstler in Kunstfragen kritisch Position bezogen. Wohl vor allem deshalb erwähnte er Worringers Buch in den eigenen theoretischen Schriften, die er bald schon in Angriff nahm, mit keinem Wort.

»Unsere Untersuchungen«, so Worringer, »gehen von der Voraussetzung aus, daß das Kunstwerk als selbständiger Organismus gleichwertig neben der Natur und in seinem tiefsten innersten Wesen *ohne* Zusammenhang mit ihr steht, sofern man unter Natur die sichtbare Oberfläche der Dinge versteht. Das Naturschöne darf keineswegs als eine Bedingung des Kunstwerks angesehen werden.«[32] Er sieht Abstraktion und Einfühlung als zwei Pole des Kunstkosmos. Hier das kristalline Bedürfnis nach Darstellung eines »lebenverneinenden Anorganischen«[33], dort die Inspiration durch die Natur, der der Mensch sich in einem Impuls aus Neugier und Vertrauen öffnet. Die Abstraktion ist folglich keine neue Tendenz. Worringer erkennt sie in der »toten Form einer Pyramide« ebenso wie in der »Lebensunterdrückung, wie sie sich z. B. in byzantinischen Mosaiken manifestiert«.[34] Er geht sogar davon aus, dass der Abstraktionsdrang am Anfang jeder Kunst steht und sich bei hochstehenden Kulturen dauerhaft behauptet, während er etwa bei den westlichen Kulturen langsam nachließ, um dem Einfühlungsdrang Platz zu machen, den wir mit seinem Naturalismus fälschlicherweise lange für die höherstehende Ausdrucksform erachteten.[35] Genau betrachtet, handele es sich, laut Worringer, um einen Entwicklungszirkel, der sich schließt: Am Anfang steht instinktiv die kollektive Abstraktion bei »primitiven« Kulturen angesichts der bedrohlichen Außenwelt. Mit wachsender Erkenntnis ihrer Gesetzmäßigkeiten stellt sich dann ein Gefühl der Beherrschung ein, das in Naturalismus Ausdruck findet, um am Ende des rationalistischen Weges, quasi »als letzte Resignation des Wissens«[36], wieder auf »das Ding an sich« zu fokussieren. Diesmal jedoch nicht kollektiv, sondern individuell.

»Der Urkunsttrieb hat mit der Wiedergabe der Natur nichts zu tun. Er sucht nach reiner Abstraktion als der einzigen Ausruh-Möglichkeit innerhalb der Verworrenheit und Unklarheit des Weltbildes und schafft mit instinktiver Notwendigkeit aus sich heraus die geometrische Abstraktion. Sie ist der vollendete und dem Menschen einzig denkbare Ausdruck der Emanzipation von aller Zufälligkeit und Zeitlichkeit des Weltbildes.«[37] Daraus folge unweigerlich eine »Entorganisierung des Organischen«, eine »Uebersetzung des Wechselnden und Bedingten in unbedingte Notwendigkeitswerte«.[38]

Das Abstrakte entstehe zwangsläufig durch ein Abtauchen in andere Sphären, in esoterische und okkulte, psychische oder sozio-politische. Abstraktion sei damit mittelbare »Folge einer großen inneren Beunruhigung des Menschen durch die Erscheinungen der Außenwelt«.[39]

Besser lässt sich die Situation des Paars Münter-Kandinsky kaum beschreiben. Während sie von einer behaglichen Umgebung in der physischen Welt träumte, wie sie sie ihr ganzes bisheriges Leben immer nur auf Zeit genießen konnte, und auch die Wirklichkeit in ihrer Kunst nie ganz aufgab, suchte er seine seelischen »Beglückungswerte«[40] in der Welt der Abstraktion als eines isolierten, verabsolutierten Ruhepunktes in der »unergründlichen Verworrenheit aller Lebenserscheinungen«.[41] Kandinskys Vergeistigung entspringt dem Wunsch, die Unvollkommenheit des Physischen hinter sich zu lassen. Die Körperfeindlichkeit, über die er angesichts erotischer Darstellungen als alter Mann reflektierte, fand früh Ausdruck in einer sexuellen Verklemmtheit, die ihn lebenslang zum »Sonderling« stempelte und die bereits seine Mitschüler in der Kindheit an ihm ausgemacht hatten: »Als ich noch ein ziemlich kleiner Junge war, hielten mich manchmal meine Schulkollegen fest an den Händen, damit ich die Ohren nicht zudecken konnte, und riefen mir allerhand ›gesalzene‹ Dinge in die Ohren. Ich freute sie dadurch, daß ich nach solchen Experimenten alles, was ich nur konnte, kurz und klein schlug. Die Abneigung hat mich aber durch mein ganzes Leben nicht verlassen. So verstehe ich vielleicht manche sehr ›natürliche‹ Sache nicht.«[42] Seine spätere Frau Nina schreibt in ihren Erinnerungen, er habe auch bei den Aktkursen in der Ažbe-Schule sehr gelitten. »Kandinsky focht einen ständigen Kampf mit sich selbst aus. Bisweilen interessierte ihn das Linienspiel des Aktes noch, dann erschien es ihm abstoßend und widerwärtig.«[43]

Die Zurückweisung der Natur kam Kandinsky nicht zuletzt auch in praktischer Hinsicht entgegen, denn angesichts seines mangelnden zeichnerischen Talents war für ihn die vollständige Loslösung von physikalischen Referenzen geradezu ideal.

Im Murnauer Spätsommer 1908 traten die unterschiedlichen Tonalitäten auf dem gemeinsamen Weg in den Expressionismus deutlich zutage. Gabriele Münter skizziert sie treffend in ihren Erinnerungen des Jahres 1948: Jawlensky arbeitete unter dem Eindruck des französischen Nachimpressionismus an »unmittelbarer Farbwirkung und mächtig zusammengefaßter Gegenstandsgestaltung«, während Kandinsky »sich langsam und folgerichtig aus sich selbst auf sein frühes, ihm lange schwer greifbares Ideal des reinen, von Naturnachahmung nicht gehemmten Ausdrucks hin entwickelte«.[44]

Dass Jawlensky ihr in seinem Ansatz näherstand, daraus machte Münter keinen Hehl. Er hatte auf der ersten Ausstellung van Goghs in Deutschland in der Galerie Thannhauser eines der beiden dort verkauften Bilder erstanden – für 98 weitere fanden sich keine Interessenten. Er und Werefkin waren es auch, die Münter auf die Sammlung von Hinterglasmalerei des lokalen Bierbrauers Johann Kroetz aufmerksam machten. Mit ihrer jahrhundertealten Tradition erregte die Methode sofort ihre Aufmerksamkeit. Als Erste des Zirkels befasste sie sich intensiver

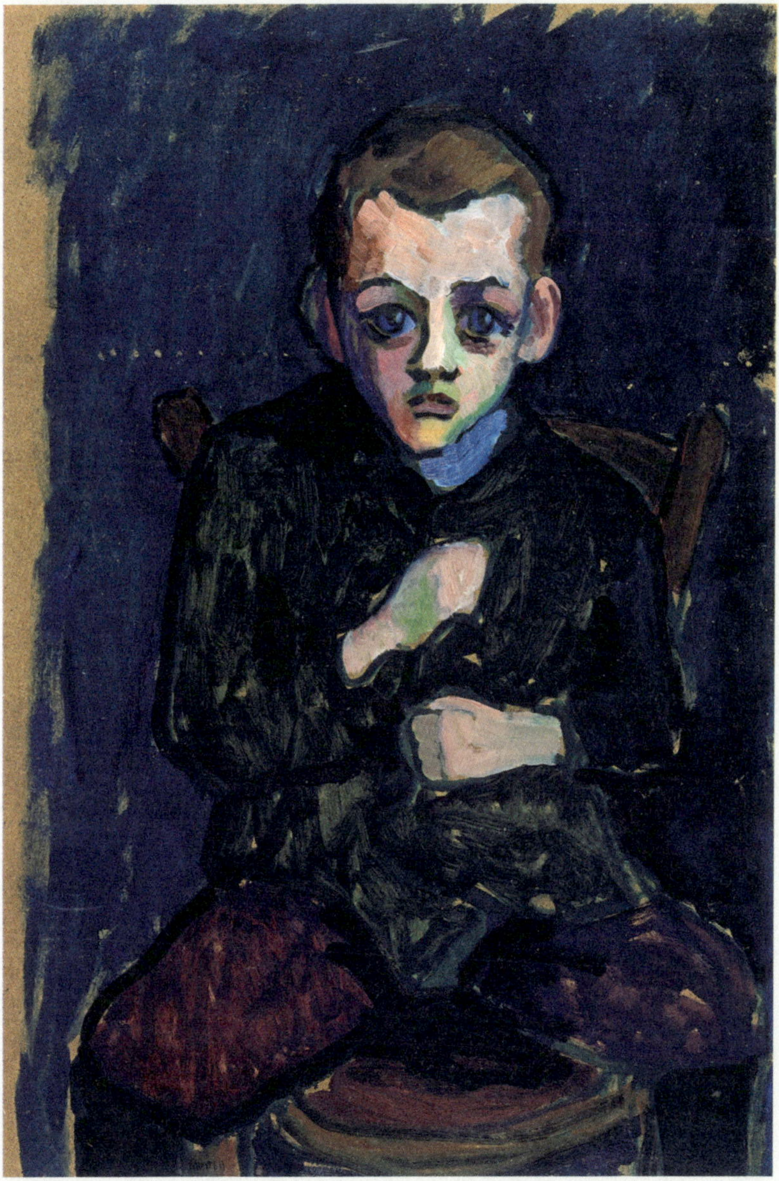

Abb. 17: *Porträt eines Jungen*, 1908

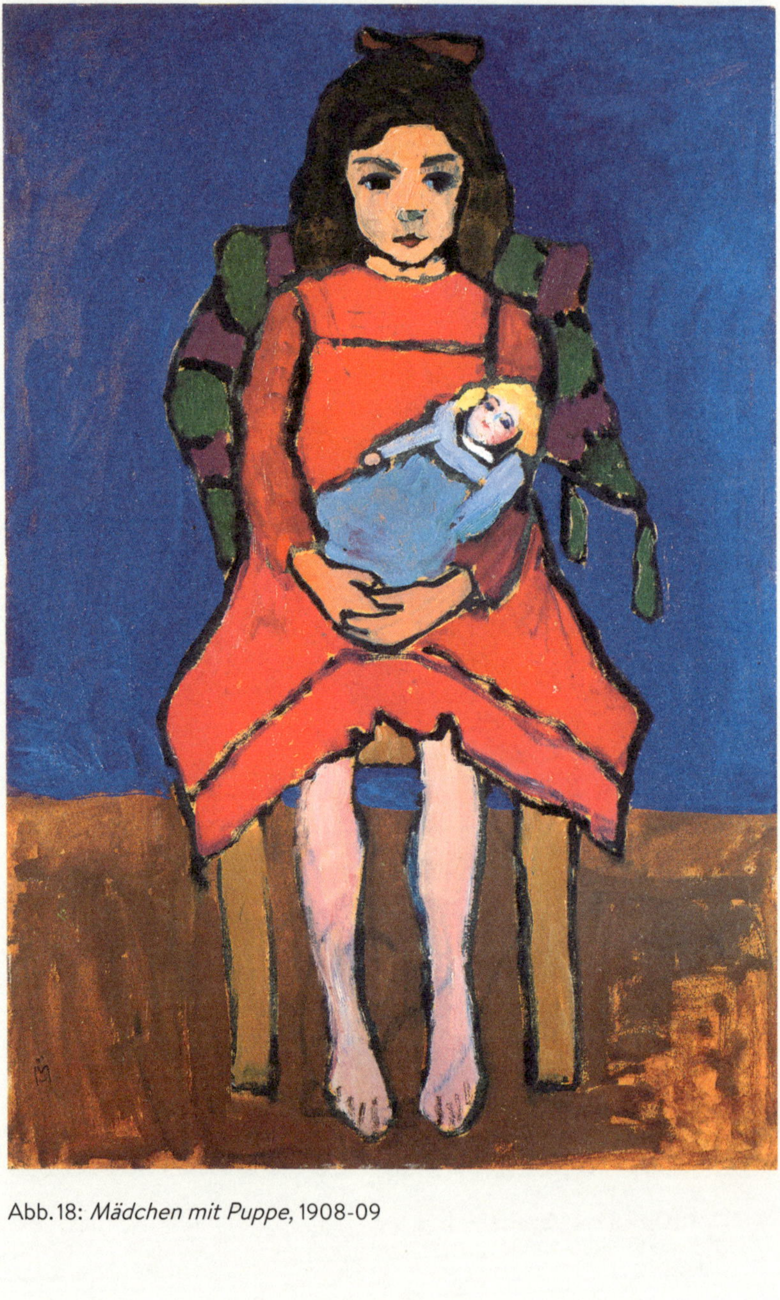

Abb. 18: *Mädchen mit Puppe*, 1908-09

mit der Technik, in der sie frappierende Parallelen zum eigenen Werk ausmachen konnte. Die schwarzen Konturen ohne Binnenzeichnung, die Klarheit und Leuchtkraft der Farben, die Schlichtheit und Naivität der Motive sprachen sie unmittelbar an.

Bald schon würde sie Unterricht beim Murnauer Meister Heinrich Rambold nehmen, dessen Motive sie zunächst kopierte und zitierte, um dann auch eigene Bildfindungen in dieser neuen Technik im breiten Fächer ihrer Fertigkeiten zu erproben. Ermutigt durch Münter, wagte sich auch Kandinsky an die Hinterglasmalerei. Franz Marc, August Macke, Heinrich Campendonk würden folgen und die ehrwürdige Bauernkunst zur neusten Mode der Avantgarde machen.

Ähnlich wie bei der sogenannten primitiven Kunst Afrikas, für die sich unter anderem der Kubismus erwärmte, wurde sie jedoch vor allem unter formalen Gesichtspunkten geschätzt, ohne dass man sich näher für ihre funktionale und kultische Bedeutung interessiert hätte. Während die traditionellen Schöpfer dieser Werke anonym blieben, legten die Künstler der Moderne, die sich ihrer Technik bedienten, selbstverständlich Wert darauf, als kreative Individuen wahrgenommen zu werden. Und wie bei den afrikanischen Werken, deren formale Verwertung ebenso gut als Wertschätzung wie als Ausbeutung verstanden werden kann, konnten auch die Hinterglasmaler und Herrgottsschnitzer, die von den Modernen zumindest stilistisch in einer diffusen anonymen Vergangenheit verortet wurden, nur bedingt mit einer Aufwertung ihrer Genres rechnen.[45]

Anders als die meisten ihrer Kollegen entwickelte Gabriele Münter jedoch eine Beziehung zu den Objekten, die über den rein ästhetischen Reiz hinausging. Sie lebte mit den Dingen, und die Dinge lebten mit ihr. Sie entwickelte zugleich eine enge Verbundenheit mit der Landschaft, mit den Bergen und Seen und dem Städtchen Murnau. Wie die Kunstwelt im Grunde Männersache war, so war auch die Bergwelt Männersache. Das Heroische, die Gefahr, das Abenteuer, die Einsamkeit, das Bezwingen der Gipfel, all das war maskulin konnotiert. Frauen als Mitglieder in Alpenvereinen? Undenkbar.

Gabriele Münter war zwar nicht die emanzipierte Alpinistin, die den Kitzel des Risikos suchte und die Berge erstürmte, aber sie setzte ihnen doch Denkmäler. Das Wilde, Schöne und Gewaltige findet Ausdruck in ihren Panoramen. Gebirgslandschaft, ein Genre, das so gar nicht dem entsprach, was man den Frauen in der Kunst gnädig zubilligte.

Rückblickend auf diese so intensive Zeit in Murnau schrieb sie drei Jahre später: »Ich habe da nach einer kurzen Zeit der Qual einen großen Sprung gemacht – vom Naturabmalen – mehr oder weniger impressionistisch – zum Fühlen eines Inhaltes – zum Abstrahieren – zum Geben eines Extraktes.«[46]

Auf dem Rückweg von Paris hatte Münter noch Station in Bonn gemacht, wo sie ihre ersten Solo-Ausstellungen für den Kunstsalon Lenobel – Gemälde und separat die vollständige Druckgrafik ihres Frühwerks bis 1908 – vorbereitet hatte. Das lag gerade ein Jahr zurück, doch schienen diese Werke jetzt wie aus einer anderen Epoche zu stammen. Die Gemälde erschienen anachronistisch, weil sie den Impressionismus inzwischen abgeschüttelt hatte, die geduldig und raffiniert konzipierte Druckgrafik wirkte gestrig, weil nun die Ära der spontanen Ölstudien angebrochen war, von denen sie geradezu eruptiv bis zu fünf pro Tag produzierte.

Den Winter 1908/09 verbrachten Münter und Kandinsky in Kochel und Urfeld bei dem russischen Musiker Thomas Alexandrowitsch von Hartmann und seiner Freundin Olga Arkadievna Schumacher. Die langen Winterabende waren bestens geeignet, um mit dem Paar, das ab den 1920er Jahren enge Vertraute des populären Esoterikers George Gurdjieffs werden sollte – er Leibkomponist, sie Privatsekretärin –, über

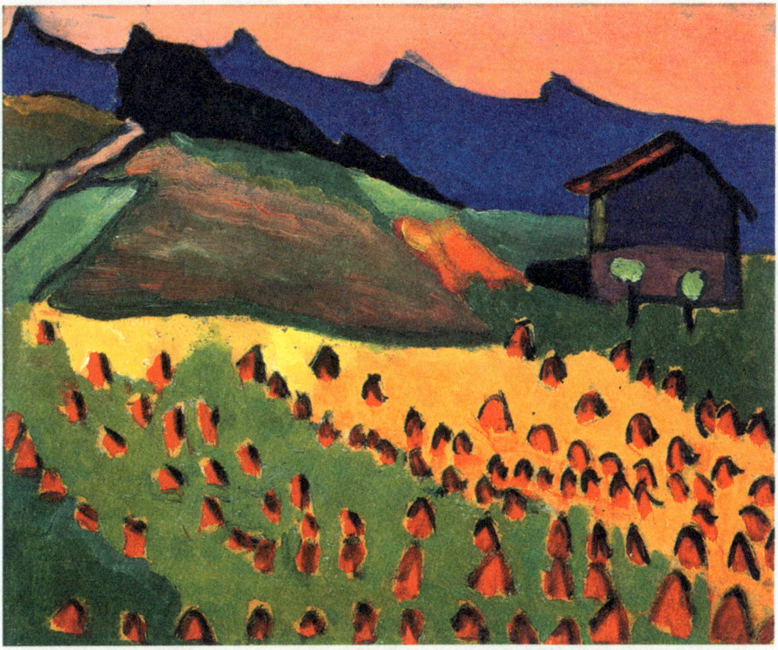

Abb. 19: *Landschaft mit Hütte im Abendrot*, 1908

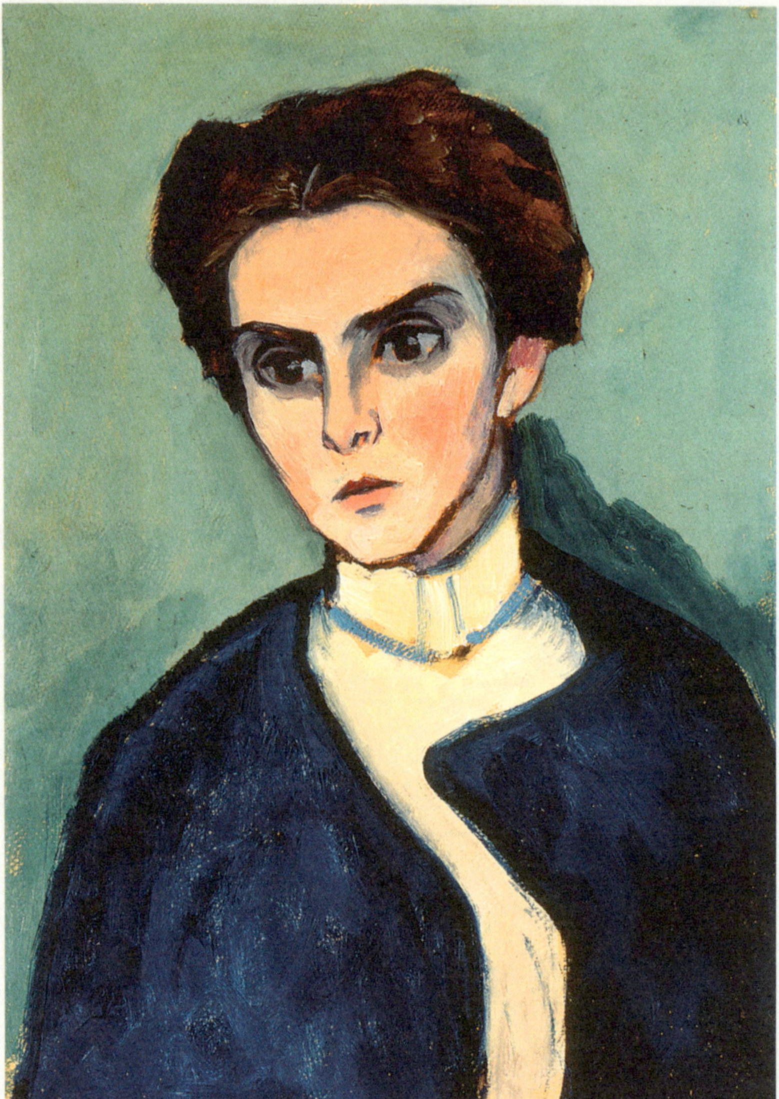

Abb. 20: *Olga von Hartmann*, 1910

das Geistige in der Kunst, über die Parallelen von Bewegung, Malerei und Klang, über Theosophie und Anthroposophie und ihre Begründer Helena Blavatzky und Rudolf Steiner zu sprechen.

Hartmann war es schließlich, der nicht nur für den von Jawlensky und Werefkin so eindrucksvoll porträtierten Tänzer Alexander Sacharow komponierte, sondern auch die Musik für Kandinskys *Der gelbe Klang* schuf.

Offen und interessiert, aber nicht vereinnahmt, partizipierte Gabriele Münter an den Gesamtkunstwerk-Ideen ihres Lebensgefährten und bereute es später, nicht auch selbst die engen Kontakte zu Komponisten wie Hartmann oder Schönberg, dessen Musik ihren Freund geradezu erschütterte, genutzt zu haben, um sich musikalisch fortzuentwickeln.

Unabhängig davon blieb es ihr ein dringendes Bedürfnis, Kandinsky nicht auf seinem Weg in die Ungegenständlichkeit zu folgen, sondern sich bei aller Abstraktion die Bodenhaftung und den Bezug zur Natur zu bewahren.

Lähmendes München

MÜNTER UND DIE NEUE KÜNSTLER-VEREINIGUNG MÜNCHEN

Die kulturelle und zivilisatorische Leistungsschau »München 1908« auf der Theresienhöhe anlässlich des 750. Stadtjubiläums war am 19. Oktober mit einem Rekord von fast drei Millionen Besuchern zu Ende gegangen. Als wolle man noch einmal alle Register ziehen und der Konkurrenz beweisen, dass München die Kulturmetropole der Nation sei, hatte Gabriel von Seidl, Architekt unter anderem des Künstlerhauses, der Kaulbach- und der Lenbach-Villa, auf dem Gelände sechs große Hallen errichtet, in denen es schlicht um Vergnügen und Schönheit gehen sollte. Ein Freizeitpark bot neben Schießbude und Rodelbahn, Café und Tanzetablissement auch Schattenspiele, Marionetten- und Kasperletheater, eine humoristische Kunstausstellung, ein Kinematografentheater und eine mechanische Pferderennbahn sowie als größte Attraktion ein sogenanntes Beduinendorf, in dem neben Kamelen und Fettschwanzschafen auch »Neger« und »Araber« ausgestellt waren, die zum Teil ihr traditionelles Handwerk präsentierten.

Gekoppelt an diesen Publikumsmagneten, quasi im Windschatten mitlaufend, boten die Ausstellungshallen alles, was gut und stilvoll zu sein beanspruchte, mit dem erklärten Ziel, den Geschmack des Publikums zu bilden und zu verfeinern. Vor allem das international renommierte Münchener Kunsthandwerk kam hier opulent zur Geltung.[47]

Man kann sich vorstellen, wie konsterniert ein vergeistigter Künstler wie Kandinsky auf ein derartiges Spektakel reagiert hat. Dem Kunsthandwerk verbunden und von den Münchner Vereinigten Werkstätten für Kunst und Handwerk beeinflusst, hatte er selbst Stickmuster und

Reformkleider entworfen, doch stets im Hinblick auf die Kunst und nicht in Verbindung mit Jahrmarktsexzessen. Eventshows dieses Typs erforderten eine Gegenposition, in der die wahren, großen echten Werte im Fokus stehen mussten. Man durfte die Kunst nicht den Zirkusdirektoren überlassen.

Phalanx lag nun schon fünf Jahre zurück, und vielleicht war es an der Zeit, wieder eine echte Künstlervereinigung ins Leben zu rufen. Erneut waren es die »Giselisten«, die Russen aus der Giselastraße, die Zeichen setzten. Diesmal ging die Initiative von Marianne von Werefkin aus, die bereits länger ihren »Rosa Salon« betrieb und dort nach dem Vorbild traditioneller Malergilden eine Bruderschaft von Sankt Lukas ins Leben gerufen hatte. Bemerkenswert, dass Münter und Kandinsky offenbar in den Plan nicht von Beginn an eingeweiht waren, sondern zunächst Adolf Erbslöh und Oscar Wittenstein gefragt wurden. In der Urkunde vom 22. Januar 1909 sind sie dann aber doch unter den 18 Gründungsmitgliedern aufgeführt, neben Wladimir von Bechtejeff, Alexander Kanold, Karl Hofer, Leonard Frank, Thomas von Hartmann und Pierre-Paul Girieud. Letzteren hatten Jawlensky und Werefkin 1906 in Paris kennengelernt, wo er zur ersten Generation der Fauvisten gehörte. Bald schon würde er auch in Deutschland zahlreiche Anhänger und selbst unter Künstlern eine Reihe prominenter Käufer haben. Vor allem auf Jawlensky hatte er große Wirkung und über diesen Weg indirekt auch auf die Entwicklung Münters in den so wichtigen Jahren 1907 bis 1909.

Kandinsky, etwas verschnupft, weil er nicht unter den Initiatoren der *Neuen Münchner Künstlervereinigung* (N.K.V.M.) gewesen war, übernahm dennoch den Vorsitz. Binnen Jahresfrist fand die erste Ausstellung in der vornehmen Galerie Thannhauser im Arco-Palais statt, die aus einem weiten Atrium und sieben intimeren Räumen im Obergeschoss bestand, in denen die Besucher die Werke in der Atmosphäre einer Privatwohnung auf sich wirken lassen konnten. Der vom Kaiser persönlich aus Berlin vertriebene Vorkämpfer der Moderne und neue Direktor der Bayerischen Staatsgemäldesammlungen Hugo von Tschudi hatte hier entscheidend interveniert, um die Ausstellung überhaupt möglich zu machen. Dennoch, so elegant das Ambiente, so regional das Ereignis, geadelt allenfalls durch die Schmähungen der Lokalpresse.

Für Gabriele Münter war die Sensation des Jahres 1909 von ganz anderer Art: Der Kauf eines Hauses in Murnau – bald in der Bevölkerung nur noch das Russenhaus genannt – war eine echte Zäsur in ihrem Leben. Die Zeit bis Juni hatten sie und Kandinsky in dem Örtchen am Staffelsee wieder Tür an Tür mit Jawlensky und Werfekin verbracht, dann zogen sie um »in die neugebaute Villa, in die sich Kandinsky auf den ersten Blick verliebt hat. Dieser Liebe ist er treu geblieben. Es gab hin und her [zu] überlegen – er bearbeitete mich etwas – im Spätsommer war die Villa gekauft von Frl. G. Münter.«[48]

Ihr Lebensgefährte hatte sie also dazu gebracht, für sie beide ein Haus zu kaufen. Das ließe sich auf verschiedene Weise interpretieren – als Erneuerung des Heiratsversprechens, als ein sich Aushaltenlassen oder als eine Risikovermeidung, denn Münter war damit an Murnau gebunden, während er jederzeit ohne finanzielle Einbußen gehen konnte. Der Kauf einer Dependance auf dem Lande erscheint auch wie das Resultat eines unausgesprochenen Handels: Münter erwarb die von Kandinsky geliebte Immobilie, dafür würde er endlich in München mit ihr in eine gemeinsame Wohnung ziehen. Im September war es dann tatsächlich nach siebenjähriger Beziehung so weit.

Die Wohnung in München und das Haus in Murnau bedeuteten für Münter eine neue Erfahrung, ein längerfristiges und doppeltes Heim, das ihr die Möglichkeit bot, sich endlich wieder ganz nach ihren Wünschen einzurichten. Ihre Sammlung volkstümlicher Objekte profaner und religiöser, bayerischer und russischer Provenienz bevölkerte bald schon die Regale und Tische. Die fotografische Erfassung der Räumlichkeiten war ritueller Bestandteil des Besitzergreifens.

In München trugen die Erfahrungen mit der ersten Ausstellung der N.K.V.M. inzwischen Früchte. Das Manko, nur ein Ereignis von regionaler Bedeutung auf die Beine gestellt zu haben, war schnell erkannt und dank der guten Kontakte von Erbslöh und Girieud bald behoben. In den ersten zwei Septemberwochen 1910 fand bereits die zweite Ausstellung statt, bei der diesmal vor allem die Vertreter der französischen Moderne als Gäste geladen waren, um dem Ganzen ein internationales Gepräge zu geben: Braque, Derain, Picasso, Rouault, de Vlaminck und van Dongen flankierten nun die Münchener Avantgarde und sorgten für erhebliches Erregungspotential bei der Presse: »Diese absurde Ausstellung zu erklären, gibt es nur zwei Möglichkeiten: Entweder man nimmt an, daß die Mehrzahl der Mitglieder und Gäste der Vereinigung unheilbar irrsinnig ist, oder aber, daß man es mit schamlosen Bluffern zu tun hat, denen das Sensationsbedürfnis unserer Zeit nicht unbekannt ist und die die Konjunktur zu nutzen versuchen«, konnte man in den *Münchner Neuesten Nachrichten* lesen.[49]

Solche Schmähungen waren zu erwarten gewesen und letztlich Bestätigung für die Künstler, auf dem richtigen Weg zu sein. Die positive Energie, die sich aus Begegnungen und gemeinsamen Ausstellungen internationaler Künstler ziehen ließ, hielt bei Gabriele Münter nicht lange vor. Kandinsky, den sie seit Monaten als »kalt und unnett« empfunden hatte, war bald schon wieder unterwegs zu seiner Familie in Moskau und Odessa. Diese Reisen in die Heimat waren stets auch sentimentale Fluchten in die Vergangenheit, denn sie erinnerten ihn an die alljährlichen Moskaureisen, die er als Kind mit seinem Vater unternommen hatte, um die Schätze der Metropole, die Paläste und Kirchen zu entdecken. Noch immer versetzte ihn diese Stadt in einen rauschhaften Zustand, und die Liebe zu seiner Ella war aus der sehnsuchtsvoll verklärenden Distanz noch schöner.

Ihr Briefwechsel zeugt von gegenläufigen Emotionen, sie ist gedämpft, er euphorisch. »Gestern abend bekam ich plötzlich Angst, daß dir was passieren kann – ich las noch ziemlich lange um schlafen zu können u. das unangenehme Gefühl los zu werden u. war nervös u. oft wach in der Nacht«, schrieb sie ihm nach Moskau.[50] Er dagegen zeigte sich total verliebt in seine Geburtsstadt, denn »Moskau ist Peitsche. Moskau ist Balsam«, fatal schön, der Kreml wie ein Traum. Und er selbst?

»Wie russisch und doch auch unrussisch ich mich fühle! Wie Manches mich beinahe zum Weinen stimmt und Manches mein Herz stärker zu pochen zwingt. Wie anders ist das Volk. Warum ist hier das Leben intensiver und packender?«[51]

Das Leben ist atemberaubender und ergreifender dort, wo sie nicht ist, in dieser russischen Welt, die ihr verschlossen bleibt. Münter gibt vor, nicht klug aus seinen Zeilen, diesem »Wisch« mit nur skizzenhaften Impressionen, zu werden, und sie bekommt die passende Antwort: »Teures Tierchen, liebes Füchslein [...], eben deinen Schimpfbrief v. 23. bekommen. Es tut mir leid, daß du schlechter Laune bist, die du auf mich ausschüttest.«[52] Dann aber lenkt er zwei Tage später ein, scheint doch wieder ganz ihren Traum vom harmonischen Gleichklang zu teilen: »Du hast recht, meine Ella, ich bin unzurechnungsfähig u. so oft gemein, scharf, hart u. abweisend. Ich sehne mich ja selbst nach Gleichgewicht, nach ruhig duftendem Leben mit dir mit einem ständigen inneren Akkord unserer Seelen, unserer Körper.«[53] Nach diesen Worten ist sie es wieder, die ihrem »guten, lieben Wassi« versöhnlich zuruft: »Eil nicht, aber komm doch nicht zu spät heim!«[54]

Allein in Murnau hatte die 33-Jährige viel Zeit, nachzudenken über ihre Beziehung und ihre Laufbahn als Künstlerin, und sie gewann den Eindruck, langsam alt zu werden. Schon das Nachdenken über die

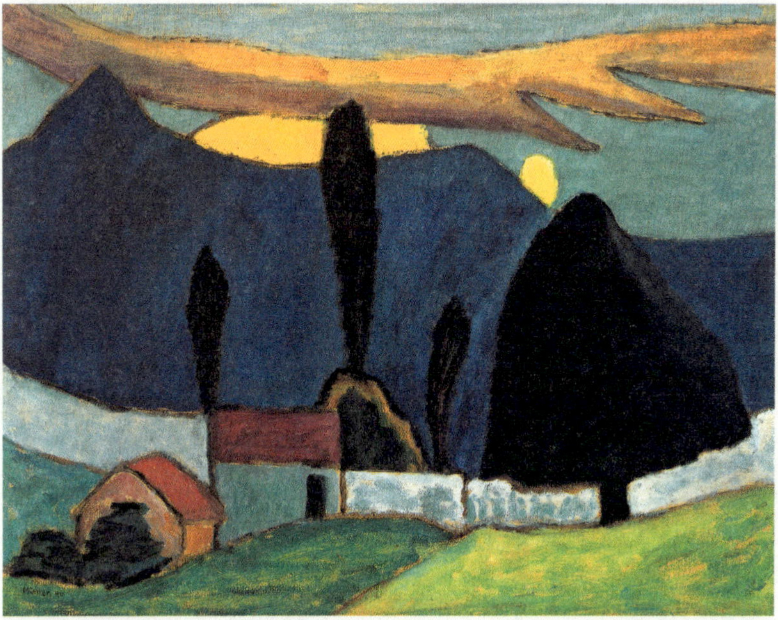

Abb. 21: *Landschaft mit weißer Mauer*, 1910

Jugend erschien ihr ein Symptom des Alters: Wer jung ist, denkt nicht über den Lauf des Lebens nach. Wer jung ist, für den ist das Jungsein kein Thema, doch »wenn man anfängt alt zu werden, betont man u. fühlt gern, daß man *noch* jung ist«.[55]

Auf ihren Vorschlag, ihm entgegenzukommen und mit ihm gemeinsam Weihnachten in Berlin bei ihrer Schwester zu verbringen, möchte er nicht eingehen, denn Berlin ist eine »Pfuistadt«, der Murnau in jedem Fall vorzuziehen sei.[56]

Die Beziehung blieb spannungsreich. »Das Leben mit Gabriele Münter war nicht einfach«, um es mit Kandinskys späterer Ehefrau Nina zu sagen. »So ist es auch zu verstehen, daß sie in ihrem Haus in Murnau nur selten zusammen wohnten. Kandinsky war sich der unerfreulichen Situation durchaus bewußt.« Doch die bis an die Grenze der Selbstzerstörung reichende Obsession, die tiefe Verbindung durch Gedanken, Empfindungen und die Kunst, trug das Paar noch eine ganze Weile vor sich her. Aus zeitlicher Distanz und aus der Feder Nina Kandinskys, die das »Zusammenleben« ihres Mannes mit Münter in ihrer Erinnerung marginalisierte, klang das dann analytisch-kühl: »Ein solch disharmonisches Verhältnis konnte nicht von Dauer sein. Als Anja sich 1911 von ihrem Mann scheiden ließ, stand für Kandinsky fest, daß Gabriele Münter ihren Platz an seiner Seite nicht einnehmen würde. Schon nach zwei Jahren des Zusammenlebens mußte er erkennen, daß er einen falschen Weg gegangen war. Die Verschiedenartigkeit ihrer Charaktere schloß eine Ehe von vornherein aus.«[57] Sollte dem so gewesen sein, wirft das kein gutes Licht auf Kandinsky, der die Beziehung noch über Jahre fortsetzte und immer wieder nicht nur ihre tiefe Verbundenheit zum Ausdruck brachte, sondern auch sein Eheversprechen erneuerte.

Im November bekam Gabriele Münter Besuch von Alfred Kubin, der kein gutes Haar an ihren Kollegen Werefkin, Kanoldt, Erbslöh und Bossi ließ. Er, Kubin, sei es leid, zusammen mit der N.K.V.M. auszustellen, und es sei zutiefst bedauerlich, dass sich Münter und Kandinsky auf diesen Verein eingelassen hätten. Auch Münter kamen Zweifel und sie legte Kandinsky den Austritt nahe, da dessen Selbstbild als geistiger Kopf der Gruppe nicht von allen geteilt wurde.[58]

Am Neujahrsabend im Hause der Giselisten kam es zu einer Begegnung, die ein neues Kapitel deutscher Kunstgeschichte einleiten sollte. Zu Gast war neben Kandinsky und Münter auch Franz Marc, 14 Jahre jünger als Kandinsky, der aufmerksam das Wirken der neuen Künstlervereinigung verfolgte und seit wenigen Monaten mit seiner Lebensgefährtin Maria Franck in Sindelsdorf lebte, rund 13 Kilometer von Murnau entfernt. Es war ihm gelungen, durch die einzige positive Kritik der N.K.V.M.-Ausstellung vom September 1910 von Künstlerseite die Aufmerksamkeit der Gruppe zu erregen. An jenem Neujahrsabend kam er zusammen mit seinem Freund Helmuth Macke, Schwager August Mackes, der ebenfalls in Sindelsdorf Quartier bezogen hatte.

Marc schwärmte schon am nächsten Tag gegenüber seiner Freundin, die den Jahreswechsel bei ihrer Familie in Berlin verbracht hatte, von den neuen Bekannten: »Kandinsky übertrifft alle, auch Jawlensky, an persönlichem Reiz; ich war völlig gefangen von diesem feinen, innerlich vornehmen Menschen, und äußerlich patent bis in die Fingerspitzen. Daß *den* die kleine Münter, die mir *sehr* gefiel, ›glühend‹ liebt, das kann ich ganz begreifen.« Er freue sich schon auf die vereinbarten Besuche zwischen Murnau und Sindelsdorf und prophezeie ihr, sie werde sich »sofort wohlfühlen, auch mit Münter, glaube ich«.[59]

Wenig später schreibt er an August Macke: »Ich sah auch die letzten Sachen von Kandinsky in seinem Atelier und gestehe, kaum je einen so tiefen und schaurigen Eindruck von Bildern erhalten zu haben als hier; Kandinsky bohrt am tiefsten. Vor allem: Ich freue mich, mit ihm und Frl. Münter im Sommer etwas Nachbarschaft halten zu können (Murnau–Sindelsdorf).«[60]

Bereits im Januar 1911 – Kandinsky fühlte sich zusehends missverstanden in der N.K.V.M. und gab den Vorsitz an Adolf Erbslöh weiter – wurde Marc Vereinsmitglied und dritter Vorsitzender.

Im Mai saß Gabriele Münter in München und führte eine Art retrospektives Tagebuch über die so wichtigen Jahre 1908 und 1909. Kandinsky war allein in ihrem Haus in Murnau. Mit dem Fahrrad war er immer wieder unterwegs nach Sindelsdorf zum geistigen Austausch mit Franz Marc, aus dem fernab des »lähmenden München«[61], langsam die Idee zu einer künstlerisch revolutionären Initiative unter wirklich Gleichgesinnten Gestalt annahm. Es war Marc ein Anliegen, den Bonner Freund Macke mit einzubeziehen, der jedoch beschrieb schon Ende 1910 aus der Distanz und im apodiktischen Ton seiner jugendlichen Opposition – er war immerhin eine Generation jünger als Kandinsky – die Bemühungen der kreativen Separatisten als visuelles Pathos: »Die Sezessionen (im Gesamtcharakter) geben zu viel ›gut Gemaltes‹. [...] Die Bossi, Münter, Kanoldt sind vielleicht die schwächsten und deshalb die selbstverständlichsten. Kandinsky, Jawlensky, Bechtejeff und Erbslöh haben riesiges künstlerisches Empfinden. Aber *die Ausdrucksmittel sind zu groß* für das, was sie sagen wollen. [...] Sie ringen zu sehr nach Form.«[62]

Das Eis wurde erst gebrochen, als Macke Gabriele Münter im Sommer 1911 in Bonn persönlich kennenlernte. Sie kam aus Berlin, wo sie den Sammler Bernhard Köhler besucht hatte. Kandinsky und Marc wünschten, dass sie in ihrer Sache auch im Rheinland bei Sammlern und Museumsleuten vorsprechen solle. Kontakte knüpfen und pflegen, das Netzwerk erweitern, wozu sie wenig Lust verspürte. Sie verbrachte lieber Zeit mit ihrer Familie oder ihrem neuen Bekannten August Macke, und es bedurfte auch seines Zuspruchs, damit sie wirklich ihre kleine Tour zu den Kunstvermittlern unternahm. Sie traf den bedeutenden Mäzen Karl Ernst Osthaus in Hagen, den Direktor des Essener Kunstmuseums Ernst Gosebruch und den Kunsthändler Alfred Flechtheim in Düsseldorf. In Köln dagegen verpasste sie den Direktor des Wallraf-Richartz-Museums, Alfred Hagelstange, der sich bei einem vorangegangenen München-Besuch besonders von Münters Bildern angetan gezeigt hatte.

»Als ich in Sindelsdorf war, so sagte mir Marc, Aug. Macke wäre ganz entzückt u. direkt verliebt in dich«, konnte Kandinsky ihr am 11. August 1911 berichten. Das bezog sich zweifellos auf einen Brief Mackes an Marc mit gleichlautenden Worten aus der Woche zuvor: »Fräulein Münter ist ganz hervorragend. Ich bin direkt verliebt in sie. Sie ist überhaupt ganz köstlich.« Nur ihr übereifriger und aufdringlicher Bruder, so Macke, sei nicht nach seinem Geschmack. »Ich möchte mich immer mit ihr unterhalten, aber, aber – ich trau mich nicht. Der reizende Bruder ist immer mit der Gießkanne in ihrer Nähe.« Dann lässt er den zwar lapidaren, aber doch obligatorischen Satz über ihre Einschätzung seiner Kunst folgen – »Von meinen Sachen schien sie einen ganz guten Eindruck zu haben« –, um Marc abschließend mitzuteilen, er »habe ihr zugeredet, doch all die Leute zu besuchen, und gehe teilweise mit ihr zusammen. Wenn aber ihr Bruder mitreisen sollte, so weiß ich nicht, ob er nicht aus dem Zug fällt.«[63]

Unterdessen wuchs bei Kandinsky und Marc die Frustration über die Künstlerkollegen der N.K.V.M. und es reifte der Geheimplan für einen inszenierten Affront, den es gut vorzubereiten galt.

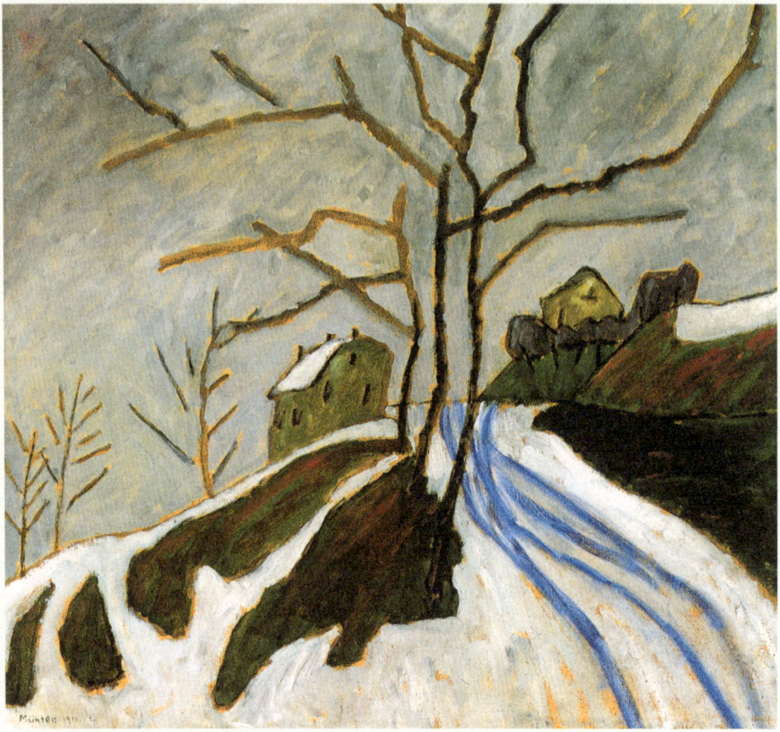

Abb. 22: *Landschaft im Winter*, 1911

Das Jüngste Gericht

»Du kannst Dir gar nicht denken, wie deprimiert ich nach Hause kam«, schrieb Franz Marc am 10. August 1911 an August Macke über den Kollegen Kanoldt, »eine so lächerliche und gewöhnliche Nachäffung kubistischer Modeideen, daß man sich einfach blamiert, wenn man so etwas ausstellt. Von Erbslöh sah ich nichts, aber mir schwante nichts Gutes, als ich seine helle Begeisterung für die Kanoldtschen Sachen sah.« Man hatte sich im Abseits der Voralpen offensichtlich in Rage geredet, die Toleranzschwelle gegenüber den Positionen der anderen deutlich gesenkt und hielt eine Spaltung der Künstlervereinigung für unausweichlich. Mit »unfähigen Mitgliedern« wie Kanoldt, Erbslöh oder Moissey Kogan wollten Marc und Kandinsky nicht weiter in einem Boot sitzen.[64] Das Idol der Moderne war für Franz Marc Kandinsky, den er bereits gegenüber dem skeptischen Verleger Piper im Juni 1911 als Heilskünder verteidigt hatte: »Kandinsky's Kunst ist ebenso prophetisch wie seine Worte, – der einzige wirklich Prophetische in unserem Kreis.«[65]

Schon Ende August kam es zu einer geheimen Zusammenkunft der kommenden Blauen Reiter in Murnau. Vorbereitet wurde ein Almanach mit Abbildungen und Texten, der nicht weniger zu leisten versprach, als die führenden französischen, deutschen und russischen Tendenzen der Musik, des Theaters und der Malerei im Spannungsfeld zwischen der Volkskunst Bayerns, Russlands, Afrikas und der Osterinseln, der Gotik und der Malerei von Kindern zu präsentieren. Der Blaue Reiter, das »soll der Ruf werden, der die Künstler sammelt, die zur neuen Zeit gehören«, heißt es in einer von Franz Marc verfassten Ankündigung des Piper Verlags.[66] Der Almanach sollte nach Kandinskys Worten »ein Dokument unserer heutigen Kunst« werden, wobei die Maßstäbe für das, was zu dieser Kunst gehörte, im Wesentlichen von ihm selbst gesetzt wurden: Schönberg selbstverständlich, Alban Berg und Thomas Hartmann, dann Delaunay, Matisse und Picasso sowie die Wegbereiter van Gogh, Gauguin und der Naive Henri Rousseau, der es ihm besonders angetan hatte. Die Maler der *Brücke* gehörten dagegen nach Kandinskys Meinung nicht zu dem, was es in einem Zeitdokument wie dem ihren festzuhalten gelte: »Aus solchen Künstlern kann was werden, aus solcher Kunst – nicht.«[67] Marc war hier anderer Ansicht und man einigte sich auf den Kompromiss, ihnen drei kleine Abbildungen einzuräumen.

Den Umschlag des Almanachs schmückte ein gekrönter Reiter, ein wenig Sankt Georg, ein wenig Sankt Martin, Drachentöter und Wohltäter in einem. Franz Marc entschied sich im Grundton für den Drachentöter. Er setzte in seinem Beitrag über *Die »Wilden« Deutschlands* – in Anlehnung an die Fauvisten – den kriegerischen Akzent, verklärte sich und seine Kumpanen als Mystiker-Guerilla, die mit neuen Gedanken, die besser wirkten als Stahl, zu töten wisse, die ohne Zwang und ohne Programm vorwärtsstürme wie eine Naturgewalt, um im Vertrauen auf ihre reinigende Kraft die morsche Übermacht des Alten hinwegzufegen. Impressionismus und Kubismus lägen hinter ihnen, seien bedeutungslos, denn es gelte, »Symbole zu schaffen, die auf die Altäre der kommenden geistigen Religion gehören«.[68] Ein metaphysisches Pathos hatte die Redaktion ergriffen, das sich bestens mit Kandinskys *Sintflut* und *Jüngstem Gericht* illustrieren ließ.

Parallel dazu schrieb Kandinsky an seinem Büchlein *Über das Geistige in der Kunst*, das ebenfalls bei Piper als eine Art Manifest der neuen Gruppe erscheinen würde. Seit Anfang November war außerdem in Planung, parallel zur Ausstellung der N.K.V.M. einen Saal in der Galerie Thannhauser zu bekommen, in dem Kandinsky und Marc als Kuratoren all das zeigen wollten, was sie für zeitgenössisch und wichtig hielten.

Um den Eklat stilvoll herbeizuführen, besann sich Kandinsky ferner auf eine Klausel, die er selbst in die Statuten der N.K.V.M. hatte aufnehmen lassen und die das Recht jedes Mitglieds garantierte, Bilder von insgesamt vier Quadratmetern Fläche unjuriert in den Ausstellungen zu zeigen. Um an der Jury keinesfalls vorbeizukommen, malte er ein Bild von mehr als fünf Quadratmetern (190 x 275 cm) und gab ihm den sprechenden Titel *Komposition V – Das Jüngste Gericht*, ein Gemälde, das allenfalls in seinem Durcheinander von Körpern an Michelangelos berühmtes Opus erinnerte. Die Körper jedoch waren nur noch abstrakte Farbakzente, ideal geeignet, um wohl jede Jury des Jahres 1911 sprachlos zu machen. Nicht nur in seiner Dimension, sondern auch in seinem universalen Anspruch war das Bild die blanke Provokation.

Mit dem 2. Dezember kam der große Tag der Abrechnung. Kandinskys Plan ging auf, das *Jüngste Gericht* wurde aufgrund seiner Maße vor die Jury zitiert und zurückgewiesen. Kanoldt, zuvor von Marc für inkompetent erklärt, verweigerte folgerichtig eine Begründung seiner Ablehnung. Auf Nachfrage erklärte Erbslöh, das Bild erschiene ihm als Kunstgewerbe, ein Urteil, das auf die scheinbare oder tatsächliche dekorative Beliebigkeit anspielte und Kandinsky getroffen haben muss. Der von Berufs wegen wortgewandtere Herausgeber der Zeitschrift *Das Kunstblatt* und grundsätzliche Verfechter des Expressionismus Paul Westheim sollte es wenig später so formulieren: »Das Rätsel dieser Tableaus, in die nach den Aussagen ihres Urhebers so viel unergründbare Geheimnisse und so unfaßbare Klänge hineingestrichen sein sollen, scheint mir von der Art der Schaumblasen, die zergehen, sobald man nach ihnen greift.«[69]

An diesem 2. Dezember allerdings hätte Kandinsky auch ihn ignoriert, denn, so ließ er die Jury wissen, die Meinung von »Nichtkünstlern« interessiere ihn nicht. Sie sei irrelevant. Damit stellte er eine Arroganz zur Schau, die endgültig alle Versuche der Juroren, die forcierte Eskalation auszubremsen, zum Scheitern brachte.

Es folgte der Austritt. Marianne von Werefkin war zwar bereits nach der Vorbesichtigung am 1. Dezember ausgetreten, weil sie sich angesichts der Jury in ihrer Freiheit eingeschränkt sah, hatte aber, ausgerechnet bekniet von Kandinsky und Marc, ihre Entscheidung revidiert. Die Baronin war dem Blauen Reiter mit ihrem Vorpreschen in die Quere gekommen, mit ihrem Ausscheiden schien der geplante Effekt des Coups torpediert. Der Abgang von Kandinsky, Marc, Münter und Kubin am folgenden Tag hätte nur noch wie ein Mitläufertum ausgesehen. Das durfte nicht geduldet werden.

Weitere Deserteure waren Eugen von Kahler, der am 13. Dezember im Alter von nur 29 Jahren an Tuberkulose starb und im Almanach mit einem Nachruf gewürdigt wurde, und die Brüder Dawid und Wladimir Burljuk. Außerdem waren bei der Gegenausstellung bei Thannhauser vom 18. Dezember 1911 bis 1. Januar 1912 August Macke, Arnold Schönberg, Marcs Nachbar Campendonk und die Russin Elisabeth Iwanowa Epstein mit dabei – und zur Eröffnung lagen die ersten Exemplare von Kandinskys Schrift *Über das Geistige in der Kunst* auf dem Tisch.

Jawlensky und Werefkin blieben in der Künstlervereinigung. An ihnen hatte sich Kandinsky für ihren einstigen Alleingang bei den Vorbereitungen zur N.K.V.M., den er ihnen lange noch nachtrug, gerächt, indem er sie seinerseits nicht in die Planungen für den Blauen Reiter einbezogen hatte. Sie hätten selbstverständlich gut ins ästhetische Profil gepasst, doch das, was laut Kandinsky als die wegweisende Kunst der Gegenwart und Zukunft gelten durfte, war letztlich weit mehr von persönlichen Sympathien und Kleingeistigkeiten abhängig als von tatsächlicher künstlerischer Qualität.

Dass Marianne von Werefkin, zentrale Gestalt im Münchner Kulturleben, Kandinsky nicht durch einen erneuten Austritt gefolgt war, bedeutete für sie die vorläufige Exkommunikation aus dem Kreis des Blauen Reiters. Das ist umso sonderbarer, als vieles von Kandinskys Gedankengut direkt auf den Austausch in ihrem Salon zurückzuführen war, nicht zuletzt seine Schrift *Über das Geistige in der Kunst*, die im Buch *Grundprobleme der Kunst* von Rudolf Czapek, einem Schüler Werefkins, ein direktes Vorbild hatte. Für Franz Marc und seine Frau Maria wurden sie und ihr Lebensgefährte unmittelbar nach der Abspaltung zu charakterschwachen Intriganten abgestempelt: »Baronin [Werfekin] und Jawlensky laufen Kandinsky in schauderhafter Weise nach! Aber es scheint ja so viel Falschheit in ihnen!«[70]

Adolf Erbslöh bewies Souveränität, indem er auf der Ausstellung des Blauen Reiters ein Werk Delaunays erwarb, August Macke dagegen, ohnehin noch beleidigt wegen der späten Berücksichtigung durch seinen Freund Marc, nahm kein Blatt vor den Mund und übte vernichtende Kritik am Almanach und an der Ausstellung, die nach der Präsentation in München auf Tournee gegangen war. Er selbst sei gar nicht erst gefragt worden und stattdessen habe man ausgerechnet Schönberg in der Publikation reproduzieren müssen: »Der hat mich direkt in Wut versetzt, diese grünäugigen Wasserbrötchen mit Astralblick.«[71] Macke sah es als seine Pflicht, den Freund vor zu großen Höhenflügen und zu weitgehender Vergeistigung zu warnen, denn Kandinsky könne sich das erlauben, er sei schließlich Asiate, aber Marc müsse sich in Acht nehmen. »Von deinen Sachen war ich ziemlich enttäuscht. Ich hatte bei allem ein Gefühl des Unfertigen, des Gewollten und nicht ganz Gekonnten«, schreibt er ihm am 22. Januar. »Eigenliebe, Pantoffelheldentum und Blindheit spielen bei dem Blauen Reiter eine große Rolle. Die großen Worte des großen Geistigen vom Beginn klingen mir immer wieder in den Ohren. Kandinsky mag das persönlich sagen und vieles andere von Umwälzung. Mir ist das besonders nach dieser Ausstellung unsympathisch.«[72]

Damit traf er Marc, dem das Urteil anderer stets wichtig war, nicht nur absichtsvoll persönlich, sondern auch den gelinde gesagt hohen Anspruch des Blauen Reiters ins Mark. Der Höhenflug der reinen, seelenvollen Zukunftsmusik, als die Kandinsky und Marc ihr Wirken verstanden, war mit diesen wenigen Zeilen auf den Boden der Tatsachen zurückgeholt.

Frei nach eigenem Gesetz. Gabriele Münter über ihr Bild »Mann im Sessel«

»Als Kandinsky und ich unsere Wohnung in der Ainmillerstraße 36 – München – hatten, wohnte Paul Klee mit seiner Frau und seinem Büb-chen Felix nur ein paar Häuser davon. Gern kam er hin und wieder zu uns herauf. Wir saßen dann gewöhnlich in meinem Arbeitsraum, dem größten Zimmer der Wohnung.

Einmal – es war 1913 –, als die ersten warmen Tage kamen, erschien Klee in der weißen Hose, die wir als Zeichen des Sommers fröhlich begrüßten. Als er in meinem großen Nachdenksessel saß und sich mit Kandinsky unterhielt, sah ich plötzlich ihn im Zimmer und das Zimmer mit ihm ganz bildhaft. Ich nahm mein kleines Skizzenbuch, das ich immer zur Hand habe, und machte schnell und unbemerkt eine Notiz. Die weiße Hose stand im Mittelpunkt des Bildes, und der Mann war in lauter Rechtecken mit dem Sessel und den Bildern der Wand verwachsen. Von seiner Stirn rechts im Bild bis zur Türklinke links schwang ein großer Bogen, und bis in die Einzelheiten klangen alle Formen wundersam zusammen.

Wahrscheinlich habe ich das Bild am nächsten Tag gemalt. Ich erinnere mich nicht mehr an das Malen. Doch muß es wie bei den meisten (und den besten) meiner Arbeiten in einem Zug geschehen sein. Frei nach eigenem Gesetz ist das Bild entstanden, gestützt auf meine Bleistiftskizze und geschöpft aus der Palette. Nach dem Naturanblick habe ich mich nicht mehr gerichtet. Das ›Modell‹ fehlte im Sessel, und die Ateliertapete, die ich vor mit hatte, war in Wirklichkeit grau, der Sessel auch. Stattdessen hat im Bild wie von selbst die Wand

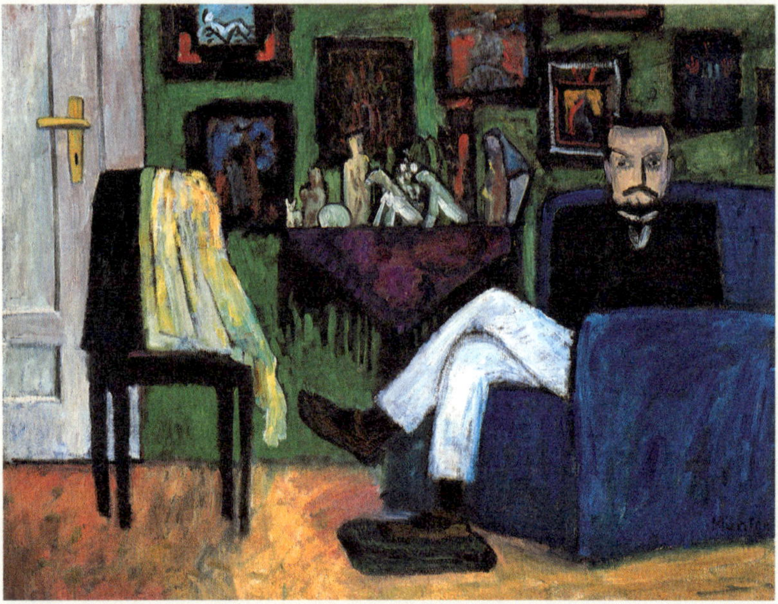

Abb. 23: *Mann im Sessel (Klee)*, 1912

das geheimnisvolle Grün und der Sessel das schwere Ultramarin bekommen.

Ein Porträt von Paul Klee zu malen, hatte ich nicht im Sinn. Deshalb nannte ich das Bild auch nur ›Mann im Sessel‹. Doch ist Klee von seinen Bekannten nach mehr als einem Lebensalter, als das Bild 1949 in der Münchner Ausstellung ›Der Blaue Reiter‹ hing, auf den ersten Blick erkannt worden.

Kandinsky liebte das Bild und gab ihm beim Hängen des ›Ersten Deutschen Herbstsalons‹, den der ›Sturm‹ (Herwarth Walden) 1913 in Berlin veranstaltete, einen Ehrenplatz.«[73]

Der Blaue Reiter und die Motte

Alfred Kubin hatte Kandinsky gegenüber bereits sechs Tage nach der offiziellen Abspaltung des Blauen Reiters von der N.K.V.M. vier Möglichkeiten für die Zukunft der Gruppe prognostiziert: 1. Krach, 2. Versanden, 3. Kompromiss oder 4. Erstarren.[74] Wenn eine solche Voraussage auch auf jeden Verein zutrifft, so hatte sich Kandinsky ein anderes Glückwunschschreiben von Kollegenseite erhofft. Besonders die dritte Option bereitete ihm eine schlaflose Nacht, denn wenn der Blaue Reiter in seiner Selbstwahrnehmung eines nicht sein wollte, dann kompromissbereit. Natürlich sollte Kubin recht behalten. Am Ende war es aber Variante eins, die das kurze Leben der Verbindung beendete.

Am Beginn stand die Verständigung *Über das Geistige in der Kunst*, deren Kernthese zunächst als eigenwilliges Oxymoron erscheint: Künstlerische Freiheit ist die bedingungslose Umsetzung einer inneren Notwendigkeit. Mit innerer Notwendigkeit war allerdings die grenzenlose Entfaltung der Gefühle des Künstlers gemeint, die sich durch keinerlei äußere Regeln einschränken lassen dürfe. »Alle Mittel sind heilig, wenn sie innerlich notwendig sind«, verkündete Kandinsky. »Alle Mittel sind sündhaft, wenn sie nicht aus der Quelle der inneren Notwendigkeit stammen.«[75]

Der Impressionismus, dem Kandinsky fünf Jahre zuvor noch selbst anhing, sei zu sehr auf den äußeren Effekt aus und tauge somit nicht zur verinnerlichten Entfesselung. Der Kubismus sei seinerseits bestenfalls als Übergangsstil zu betrachten, da er zu sehr auf Konstruktion setze.

Konstruktion diene zwar der Komposition, das statische Skelett des Bildes sei im Kubismus jedoch zu deutlich offengelegt und damit unübersehbar. Reicher aber »an Ausdrucksmitteln ist die versteckte

Konstruktion. Diese *versteckte Konstruktion* kann aus scheinbar zufällig auf die Leinwand geworfenen Formen bestehen, die wieder scheinbar in keinem Zusammenhang zueinander stehen: die äußere Abwesenheit dieses Zusammenhanges ist hier seine innere Anwesenheit. Das äußerlich Gelockerte ist hier das innerlich Zusammengeschmolzene.«[76]

Der Dialog zwischen Musik und Kunst – keineswegs eine neue Idee, man denke nur an Mussorgskys *Bilder einer Ausstellung* (übrigens inspiriert von Werken Victor Hartmanns, Onkel des Kandinsky-Freundes Thomas de Hartmann) – spielt auf dem Weg in die Gegenstandslosigkeit eine zentrale Rolle. Prophetisch im Sinne seiner Vergeistigungslehre waren die klingende Reinheit Cezannes, die Seelenkompositionen des symbolistischen Literaturnobelpreisträgers Maeterlinck, die »Zukunftsmusik« Schönbergs sowie der »Erlösungsklang« der Theosophin Helena Blavatzky. Letztere wartete ihrerseits auf einen Sendboten zur Überwindung des Materialismus. Es hat den Anschein, als betrachte sich Kandinsky selbst unausgesprochen als einen solchen Sendboten auf dem Gebiet des »Rein- und Ewig-Künstlerischen, welches durch alle Menschen, Völker und Zeiten geht«, als Überwinder von Richtungen, Stilen und Prinzipien, die nur in ihrer Zeit gefangen auf Irrwege führen könnten.[77] Der Künstler solle gegenüber den Lehren und Wünschen seiner Zeit taub sein, denn nur so könne er das »Mystischnotwendige« zum Ausdruck bringen[78] und gute Kunst schaffen, die letztlich nichts anderes sei als »rein klingende Seelenvibrationen«.[79] Denn es gehe darum, die Sehnsucht nach ewig währender Wahrheit zu stillen, die im Unterschied zur materialistischen Wissenschaft nicht ständig alte Wahrheiten gegen aktuelle austausche, die ihrerseits durch zukünftige ersetzt werden müssen. »Die Theorie ist die Laterne, die die kristallisierten Formen des Gestern und des vor dem Gestern Liegenden beleuchtet«, die Kunst jedoch führt »in das Reich von Morgen« und ist materiell nicht kristallisierter Geist, der nur durch das Gefühl erkannt werden kann.[80]

Aufschlussreich ist die Abfolge der Illustrationen, die Kandinskys Text begleiten. Beginnend mit frühchristlichen Mosaiken aus San Vitale in Ravenna (Kaiserin Theodora mit Gefolge), gefolgt von einer Renaissance-Kreuzigung von Victor und Heinrich Dünwege, die der Autor vermutlich aus einer Publikation Walter Kaesbachs von 1907 kannte, einer *Beweinung* von Dürer, einer *Heiligen Familie* Rafaels, die er beide in der Pinakothek in München gesehen hatte, und den *Großen Badenden* von Cézanne. Fulminantes Finale sind drei Kandinskys aus dem Jahr 1911: Impression Nr. 4, heute als Nr. 5 (Park) im Centre Pompidou, Nr. 18 (mit Grabstein, Lenbachhaus, Münter-Stiftung) und Komposition Nr. 2 (Guggenheim Museum, New York).

Das Nebeneinander von geistiger Ekstase und profaner Realität in diesen Monaten entbehrt nicht grotesker Züge, denn Kandinsky sieht sich auf dem Weg zum »Mystischnotwendigen« durch den zusehends tieferen Morast kollegialer Animositäten waten. Dazu kommt die schleichende Krise mit Gabriele Münter. Aus seinen immer noch freundlichen Briefen ist die frühere Zärtlichkeit und Begeisterung verschwunden. Er steht zu ihr, er schätzt ihren intuitiven Zugriff auf die Malerei, er ermutigt sie, zu arbeiten, aber seine Liebe beginnt zu erkalten. Münter auf der anderen Seite kommt bereits Weihnachten 1911, das sie allein verbringen muss, zu einer erschütternden Analyse ihrer Beziehung: »Ich fühle mich ohne dich einsam u. bin unruhig um dich – u. weiß, daß ich mich mit dir ebenso einsam fühle.«[81]

Den Frühsommer 1911 hatten Münter und Kandinsky getrennt verbracht, um aus dem Alleinsein Kraft zu schöpfen. Er hatte in Murnau im Garten und an der Leinwand gearbeitet und sich wiederholt mit Franz Marc getroffen, sie hatte sich in München in einer Art rückblickendem Tagebuch Klarheit über die letzten Jahre zu verschaffen versucht. Ihre Sammlung von Volkskunst, die gruppiert auf Tischchen und Regalen stand, umlagerte sie dabei und forderte sie heraus, die Ensembles ihrerseits zu umkreisen und wie ihr Leben kontemplativ von allen Seiten zu betrachten.

Es wurde zu einem Wesenszug ihrer Kunst, sich an einem Motiv seriell zu versuchen, nicht das ultimative Werk zu ertrotzen, sondern die Standpunkte und Farboptionen als betont gleichwertige Variationen nebeneinander existieren zu lassen. Diese Vielfalt erstreckte sich auch auf das Gebiet des Stils, den sie sehr bewusst modifizierte, mal linear konturiert, mal als interagierende Farbflächen, mal mystisch diffus, mal volkstümlich naiv, oder wie sie es selbst nannte: mal »kitschisch«, mal »strenger«, mal »Picassoeinfluss unverkennbar«.[82]

Es mag ein wenig pauschalisierend klingen, doch es lässt sich hier durchaus eine Konstante ausmachen, die geschlechtsspezifisch zutage tritt. Da Künstlerinnen dieser Zeit weniger unter Beobachtung des Kunstmarkts standen als ihre männlichen Kollegen, nutzten sie auffällig oft diesen zunächst negativ konnotierten Umstand für ein zwangloseres Experimentieren. Während die Männer deutlich mehr Wert auf eine Handschrift legten, die ihre Werke für Galeristen und Sammler wiedererkennbar und damit besser verkäuflich machte, boten die Œuvres der Frauen nicht selten ein viel breiteres stilistisches Spektrum. Gabriele Münters Schaffen ist für diese Tendenz ein herausragendes Beispiel. »Darf einer so wie ich verschieden malen?«, fragte sie einmal zweifelnd in einem Brief an Kandinsky.[83] Es spricht für ihr Selbstverständnis und Selbstvertrauen, dass sie sich trotz mancher Bedenken letztlich immer wieder für die Vermeidung einer Festlegung und für eine maximale Entfaltung künstlerischer Freiheit entschied. Kunst bedeutete für sie, sich auszuprobieren.

Die Wahrnehmung ihrer Person und ihres Werkes durch ihr Umfeld in den Jahren 1911 bis 1913 ist denn auch ambivalent. Zum einen untermauerte sie ihre Eigenständigkeit durch Ausstellungen in Herwarth Waldens *Sturm*-Galerie in Berlin, wo ab Januar 1913 über 80 ihrer Werke zu sehen waren, oder in Max Dietzels Neuem Kunstsalon in München zwei Monate später, zum anderen sah sie sich mit wachsender Feindseligkeit aus dem Kreis ihrer Mitstreiter konfrontiert.

Gabriele Münters Eindruck von der sich verändernden Haltung Franz Marcs und August Mackes ihr gegenüber täuscht sie nicht. Vor allem die Ehefrauen, die ihre künstlerischen Ambitionen zugunsten ihrer Männer aufgegeben hatten, blicken mit wachsender Missgunst auf die erfolgreiche Malerin, die neben ihrem charismatischen Partner ihren Weg ging, ohne sich von dessen Abstraktions-Mystik maßgeblich prägen zu lassen.

Marc kann es zunächst gar nicht abwarten, zu erfahren, wie sie auf Mackes Bilder reagiert hat. »Ich bin sehr neugierig, was für einen Eindruck Münter von deinen Sachen hatte. Sie ist ebenso klug wie bescheiden«, schreibt er am 3. August 1911 nach Bonn,[84] um zehn Tage später nachzuhaken: »Schreib mir doch auch bitte genau, wie Du den Eindruck, den deine Arbeiten auf Münter gemacht haben, einschätzt.« Um aber nicht den Anschein zu erwecken, Münters Ansicht sei für ihn maßgeblich, hält er es diesmal für nötig hinzuzufügen, dass dem keineswegs der Fall sei. Er frage so beharrlich »nicht um der besonderen Wichtigkeit halber, die ich Münterschem Urteil beimesse, sondern nur, um mir aus den beiden Berichten (Deinem schriftlichen und dem mündlichen von M.) ein klares Bild dieses Eindrucks zu machen. Sie ist schließlich der einzige fremde Künstler, der deine ganzen Arbeiten jetzt kennengelernt hat und völlig unbefangen vor sie getreten ist.«[85]

Macke gefällt sich jedoch viel mehr in der Rolle, seinerseits Urteile zu sprechen. Es ist vielsagend, wie der von Münter so begeisterte junge Maler ungeachtet dessen schon bei ihrem ersten Zusammentreffen ihre künstlerische Eigenständigkeit in Zweifel zog, auf die sie so großen Wert legte und die sie ihm gegenüber betont haben muss: »Die Münter hat mir sehr gut getan. Ich denke mir ja Kandinsky so sehr als den geistigen Anreger auch ihrer Malerei, dass ich mit ihrer Ansicht, dass sie ganz persönlich arbeitet, genau so wenig ganz übereinstimme, als ich mich ohne stark französischen Einfluss denken kann.« Zugleich benennt er aber die Unterschiede, die er auszumachen meint. Bei Münter erkennt er etwas Geheimnisvolles, etwas Deutsches, etwas Altar- und Familienromantik, bei Kandinsky dagegen das unbegrenzte Leben – seine »Flächen, über die man hinüberträumt, sprühen und schlafen nie«.[86]

Die Antwort Marcs lässt nicht lange auf sich warten und kommt am 8. September 1911 zusammen mit der Ankündigung, dass er und Kandinsky den Almanach gründen wollen. »Betreff Münterle hast Du selbstverständlich recht, es macht ja aber gar nichts; es werden doch alle kleine Münters und keine kleinen Kandinskys.« Und er fügt unvermittelt hinzu: »Sie ist so niedlich hier, wenn sie bayrisch geht.«[87]

Aus der so geistreichen Kollegin wird eine putzige Gestalt, die sich im Dirndl der bayerischen Tradition anbiedert – wenn der verehrte russische Freund dagegen Trachtenjoppe und Kniebundhosen anzieht, verliert Marc darüber kein Wort. Und wo Münter eben noch die Prägung durch Kandinsky unterstellt wurde, wird über ihre Eigenständigkeit, über »die kleinen Münters«, nun herablassend geschmunzelt.

Aus dem Gefühl, nicht ganz ernst genommen zu werden, das in diesen Zeilen seine Bestätigung erfährt, wächst zunächst Enttäuschung über Marc ebenso wie über Macke, dessen anfänglicher Enthusiasmus sich rasch abgekühlt hat. Doch diese Veränderung sollte sich in kürzester Zeit auf dramatische Weise bis zu unverblümtem Hass zuspitzen.

Schon im November 1911 hatte man begonnen, sich über Münter lustig zu machen. Sie war offenbar in der Vorstellung der Ehepaare Marc und Macke zu einem spukenden Gespenst geworden, das ihnen überall auflauerte. So schrieb Lisbeth Macke an Maria Franck: »Was macht der Geist der Münter? Erscheint er noch täglich zum Frühstück und geht mit schlafen abends?«[88]

Währenddessen stellte man gemeinsam bei Thannhauser aus. Die erste Show schloss am 1. Januar ihre Pforten, um auf Tournee zu gehen, die zweite eröffnete nur wenige Wochen später am 12. Februar bei Hans Goltz in der Brienner Straße 8. »Schwarz-Weiß« war nun das Thema, der Fokus richtete sich auf Papierarbeiten. Wieder war die Ausstellung international besetzt. Eine bunte Mischung von Picasso bis Malewitsch, von Kubin bis Nolde, von Derain bis Gontscharowa. Neben dem harten Kern des Blauen Reiters war auch Maria Franck mit drei Werken vertreten, darunter dem Bild einer liebenswerten Schafherde, die sich, solange der Wachhund schläft, mit Walzertanzen vergnügt.

Eine spontane Anfrage Herwarth Waldens, der gerade von Else Lasker-Schüler geschieden war und mit seiner neuen Ehefrau Nell Roslund eine Galerie eröffnete, brachte die Mitglieder des Blauen Reiters nach Berlin. Dass sie die Eröffnungsausstellung einer Galerie bereicherten, die sich *Der Sturm* nannte, passte zur aufgepeitschten Stimmung innerhalb der Gruppe.

Im März 1912 schickte Münter Zeichnungen Mackes an ihn zurück, die sie noch von ihm in Verwahrung hatte. Er interpretierte das unmittelbar als Missbilligung, während sie anmerkte, es handle sich ihres Erachtens um einige seiner besten Arbeiten, die er zweifellos für Ausstellungen und Sammler benötige. Es half nichts, Gabriele Münter wurde nun in den Augen Mackes zum »Luder«, und empört schrieb er an Marc: »Ich bin zu faul, ihr ihren langweiligen Kram umgehend auch zu[zu]schicken.« Die Rücksendung war ihm aber willkommener Anlass, Münter für das drohende Ende des Blauen Reiters verantwortlich zu machen: »Fahr wohl, Blauer Reiter!«, schreibt er, »es kam eine Motte dazwischen.«[89]

Im Gegenzug konnte Maria Franck berichten, dass Kandinsky ihrem Mann vorgehalten habe, ihr freundschaftlicher Umgang sei deutlich abgekühlt – »der reine Verfolgungswahn!« – und, wie könnte es anders sein, auch hier war »die Motte« die Schuldige: »Der einzige Schlüssel wird wohl Münter sein.«

Sie torpediere die geistige Verbindung zwischen Kandinsky und Marc, die doch eigentlicher Anlass des Blauen Reiters gewesen sei: »Wir sehen aber voraus, daß auch wohl der Franz nicht mehr lange blau reiten wird, da es sich für ihn viel weniger um den Blauen Reiter als vielmehr um den persönlichen Verkehr mit Kandinsky gehandelt hat, der ihn so freute.«[90]

Es war Marc und Kandinsky nicht möglich, im Dienste der geistigen Erneuerung der Kunst, im Sinne einer Umgestaltung hin zu einer besseren Welt, ihre anfangs so erfreuliche und ergiebige Freundschaft zu erneuern. Und so wie Macke, der von Beginn an – durchaus auch aus gekränkter Eitelkeit – scharf gegen den Blauen Reiter geschossen hatte, war es nun auch Marc, der Münter für das Scheitern verantwortlich machte. Die »gekränkte Eitelkeit der Münter« hatte ihm die Sache vergällt: »Jetzt ist er schon hina! Viel fehlt wenigstens nimmer. Jedenfalls hat dieses Frauenziefer auf meine Freude am Blauen Reiter bös gespuckt.«

Dass er es war, der – auch Macke gegenüber – eifersüchtig seine Beziehung zu Kandinsky, dem er in Bewunderung ergeben war, abzuschotten versuchte, liegt jenseits seiner Selbstwahrnehmung. Münter, die er nach Möglichkeit zu ignorieren suchte, musste ihm einfach ein Dorn im Auge sein. Nach nur 15 Monaten war aus der klugen und bescheidenen Gefährtin Kandinskys in den Augen Franz Marcs eine »typische alte Jungfer schlimmster und dümmster Sorte« geworden: »Ich könnte dieses Frauenzimmer direkt kaputt schlagen.«[91]

Auch Kandinsky spürte die Veränderung und sah sich genötigt, Franz Marc am 20. März zu schreiben. Er beklagte den sich verändernden, nun kalten Tonfall ihrer Kommunikation sowie das merkwürdige Verhalten gegenüber Münter und resümiert: »Kurz und gut: wir sind in eine Sackgasse des gegenseitigen Unverständnisses geraten.« Aufschlussreich ist der Nachsatz, den er wie an sich selbst gerichtet anfügt und der so viel über seinen Umgang mit Freundschaft aussagt. Hatte er zu Beginn seines Schreibens noch gemutmaßt: »Vielleicht haben Sie zu mir nicht ausreichend Vertrauen«, schließt er nun unvermittelt eine Selbstbeobachtung über die eigene Fähigkeit an, sich auf andere einzulassen: »Es ist sonderbar! Als ich als junger Mensch sehr unzugänglich war, ging es bei mir mit Menschen gut. Später veränderte ich mich und da kamen schmerzliche Enttäuschungen – immer neue, immer neue. Es wuchs eine ›Lebensphilosophie‹ daraus: unbestraft darf man sich Menschen nicht nähern.«[92]

Wie sehr die Enttäuschung nach seiner Öffnung gegenüber Marc gerechtfertigt war, zeigt dessen Reaktion. Als habe es die Hassexzesse gegen Münter hinter seinem Rücken nicht gegeben, schreibt er an Kandinsky, der Brief habe ihn vollkommen überrascht, er sehe keinerlei grundlegende Differenzen und verstehe seinerseits gut, dass sich Gabriele Münter gelegentlich abkapsele: »Wir Maler bleiben schließlich alle einsame Gesellen; jeder hängt seinen Gedanken sehnsüchtig nach und muß sich notwendig oft gegen anderes verschließen, um sich nicht zu verlieren. Ich glaube, niemand übt gerade diese Tugend stärker und manchmal schroffer als Frl. Münter; ein Zug, der mir vollkommen verständlich und würdig erscheint.«[93]

Als der legendäre Almanach der Künstlergruppe im Mai 1912 endlich erschien, war das Klima längst vergiftet. Dass der Blaue Reiter neben der Brücke zur bedeutendsten expressionistischen Künstlergruppe Deutschlands wurde, obwohl seine Lebenszeit im Grunde nicht mehr als neun Monate betrug und von der geplanten Almanach-Reihe nur der erste Band erschien, ist die eigentliche Sensation.

Er brachte es auch nur auf die zwei genannten Ausstellungen, die allerdings auf Tournee gingen und einiges Aufsehen erregten. Das Konzept dieser Ausstellungen nahm für sich in Anspruch, auf Konfrontation vielfältiger Positionen zu setzen. Da jedoch Marc und Kandinsky die Kuratoren waren, lief es auch hier auf das Prinzip hinaus, das ebenso im Almanach Anwendung fand: Die Hauptmeister, eine Trias aus Kandinsky, Marc und Delaunay, dominierten durch Position und Dimension, während die Mitstreiter mit kleineren Werken an weniger prominenten Wänden vertreten waren.

August Macke kränkte das, Gabriele Münter dagegen nahm es mit Gelassenheit hin. Von ihr stammen die erhaltenen dokumentarischen Fotos der Hängung und sie sieht rückblickend ihre Mitwirkung am Blauen Reiter wie schon an der M.N.K.V. ohnehin eher als Zufall. Sie war zur richtigen Zeit am richtigen Ort und in der richtigen Gesellschaft. »Ohne mein Zutun kam ich 1909 unter die Gründer der *Neuen Künstler-Vereinigung München*, die nächst der norddeutschen *Brücke* die Avantgarde des Umsturzes bildete, der die Kunst unseres Jahrhunderts einleitete. Als 1912 sich der Kreis des *Blauen Reiters* bildete, war ich von Anfang an ebenso dabei. Mit den Werken der allbekannten Meister wurden meine Arbeiten von Kunsthändlern vertreten und weit durch Deutschland und darüber hinaus bekannt gemacht – von Moskau bis Chicago. Ich brauchte nichts dazu zu tun.«[94]

Das Jahr 1912 brachte jedoch auch eine legendäre Ausstellung mit sich, bei der Gabriele Münter nicht dabei war, während der Blaue Reiter sich sonst nahezu vollzählig präsentierte: die vierte Sonderbundausstellung in Köln, die nach Nationen geordnet ein Bild der europäischen Avantgarde entwerfen wollte, das bereits in wesentlichen Zügen den Kanon der Kunstgeschichte und ihrer noch heute gültigen Heiligenverehrung festschrieb. Mit über 100 Gemälden van Goghs war dessen Position als Urvater des Expressionismus gefestigt, assistiert von

Cézanne, Gauguin, Signac, Henri Edmund Cross und Picasso, die die französische Kunstmacht verkörperten und in eigenen Kapiteln vorgestellt wurden, während sich Kandinsky mit 70 weiteren Künstlern in der Sparte »Deutschland« wiederfand. »Bei den jungen Deutschen kann man konstatieren, daß die von Cézanne inspirierten Tendenzen in ihrer Modifikation durch Matisse weiter entwickelt werden«, heißt es im Führer durch die Ausstellung. »Dabei fällt eine sehr bewußte und manchmal einseitige Betonung des Prinzips der rhythmischen Flächen-Füllung und -Belegung auf, die, wenn nicht ein geistiger Gehalt oder eine farbliche oder zeichnerische Kultur dahintersteht, leicht zu leer-ornamentalen, kunstgewerblichen, unbildmäßigen Wirkungen führen kann. Auch eine Neigung zum Theoretisieren ist vorhanden.«[95] Erstaunlich kritisch für eine Ausstellungsbegleitschrift wird auch Kandinsky unter die Lupe genommen, dessen Abstraktion als Zeichen des Geistigen wenig zwingend erscheine. Die weitaus konkreteren Bilder Münters jedoch hatten es erst gar nicht in die Ausstellung geschafft.

August Macke und Franz Marc waren die Lobbyisten des Blauen Reiters in der Auswahlkommission gewesen. Da keine Künstlergruppen eingeladen wurden, sondern nur Einzelkünstler, war ihre Vermittlung umso wichtiger, und das zähe und gereizte Feilschen um die Anzahl der Werke zog sich hin. Marc empörte sich über die letztlich radikal reduzierte Auswahl, die keineswegs dem Raummangel geschuldet sei: »Dieser Blödsinn, über 100 van Goghs auszustellen.« Eine solche Gewichtung sei für einen Überblick über die zeitgenössische Kunst im Jahre 1912 vollkommen unangebracht.[96]

Als die Ausstellung schließlich eröffnete, fehlen unter anderem Vertreter Italiens und Russlands – jenseits der Münchener Russen – ganz. Obwohl durchaus überdurchschnittlich vertreten, zeigte sich vor allem Marc aufgebracht und regte eine Gegenausstellung der Refüsierten an, die dann in der Sturm-Galerie in Berlin im Juni unter dem Titel

Deutsche Expressionisten. Zurückgestellte Bilder des Sonderbundes Köln eröffnete. Die Bedeutung dieser kunstpolitisch so bemerkenswerten Präsentation lag im Besonderen in der Allianz, die hier zum Ausdruck kam und das Bild des Blauen Reiters für die Zukunft prägte. Die acht Namen der hier Ausgestellten, einigermaßen alphabetisch im Untertitel vermerkt, galten fortan in der Kunstgeschichte als der Blaue Reiter: Albert Bloch, Heinrich Campendonk, Alexej von Jawlensky, Wassily Kandinsky, Franz Marc, Paul Klee, Gabriele Münter und Marianne von Werefkin.

Hatte es bereits in Paris als besondere Auszeichnung gegolten, vom offiziellen Salon abgelehnt zu werden, dessen Jury als verstaubt betrachtet wurde, so war es offensichtlich, dass die Berliner Ausstellung genau von diesem widerständigen Flair zu profitieren gedachte. Nicht nur die Förderer der Moderne und Kuratoren der Sonderbundausstellung Richart Reiche, Alfred Hagelstange und Alfred Flechtheim fühlten sich dadurch düpiert, auch die reaktionäre Presse erkannte schnell die Strategie. »Die Zeitschrift ›Der Sturm‹ hat sich der acht Künstler angenommen, die vom ›Sonderbund Köln‹ zur Beteiligung an der juryfreien Ausstellung aufgefordert und deren Bilder dann wegen ›Raummangel‹ zurückgestellt wurden«, schrieb die *Berliner Volkszeitung*. »Freilich ist es seit einiger Zeit – nicht nur in den Kreisen der Maler – Mode geworden, die Zurückgestellten als die Genies der Zukunft hinzustellen. [...] Je länger man diese Produkte einer Zerrkunst betrachtet, die in einem Manifest nichts dagegen einzuwenden hatte, als die Kunst der Irren angesprochen zu werden, desto begreiflicher wird der ›Raummangel‹ des ›Sonderbundes Köln‹.«[97]

Dass das Vokabular, dessen sich die Feinde der internationalen Moderne jetzt und zukünftig bedienten, bereits nahezu vollständig ausgebildet war – vom Vorwurf der Hochstapelei über die Infantilisierung (»Das bringt der kleine Moritz auch fertig«), den Vergleich mit der

Kunst »kannibalistischer Naturvölker« bis zur Pathologisierung –, zeigte sich auch in Attacken gegen die Sonderbundausstellung selbst, die als »krankhafte Entwicklung der bildenden Künste« zu gelten habe, denn es sei schließlich Aufgabe der Kunst, »das Schöne und Erhabene in der Natur und im Menschenleben zu schildern«.[98] Mit dem Ende des Kaiserreichs wurde dann zur Vervollständigung des Spektrums reaktionärer Kunstkritik noch der diffuse Begriff des Kulturbolschewismus ergänzt. Schon die Ankäufe impressionistischer Werke aus Frankreich, dieser »Entartungsperiode der Kunst«,[99] waren als unpatriotisch verurteilt worden. Man solle bei vaterländischen Künstlern kaufen, denen durch die hohen Preise der Franzosen jährlich Millionen entgingen, denn »wo fremde Einflüsse hier nicht nur verbessern, sondern von Grund aus umgestalten wollen, da liegt eine große Gefahr für unser Volkstum vor«.[100]

Der lange Abschied von Kandinsky

Den Sommer 1912 verbrachte das Künstlerpaar erneut in Murnau und im Oktober reiste Kandinsky wieder nach Odessa und Moskau. Allein in Murnau, ließ Gabriele Münters Produktivität merklich nach und eine lähmende Unzufriedenheit trat an ihre Stelle, die der Grundstimmung im Münchner Künstlerzirkel entsprach. Man schuf nicht mehr gemeinsam, hatte keine Utopien mehr, sondern beharkte sich auf engstem Raum. Auch die Nachricht Kandinskys, mit Herwarth Walden sei eine Einzelausstellung Münters so gut wie vereinbart, konnte sie nicht nachhaltig optimistischer stimmen. Sie freute sich über das Engagement Kandinskys, erkundigte sich jedoch zugleich nach Waldens Kunstverstand und Einfühlungsvermögen. Selbst wenn Herwarth Walden noch nicht die zentrale Gestalt der Moderne war, die er in den folgenden Jahren werden sollte, so offenbart diese Nachfrage Münters doch auch eine gewisse provinzielle Borniertheit, denn der Komponist und Publizist hatte bereits ein Jahrzehnt zuvor seinen *Verein für Kunst* gegründet, in dem Schriftsteller wie Rilke, Wedekind, Döblin und die Mann-Brüder Mitglieder waren und ihre Werke vorstellten. Seit 1910 erschien zudem Waldens Wochenzeitschrift *Der Sturm*, das Sprachrohr der Avantgarde. Münter hätte also, auch ohne ihn persönlich zu kennen, sich selbst ein Bild auf Grundlage seines Wirkens machen können, zumal der Blaue Reiter schon in der Sturm-Galerie zu Gast gewesen war.

Walden sollte sowohl für Kandinsky als auch für Münter eine wichtige Figur werden. 1912 aber war er für sie zunächst ein weiterer Galerist, und auf ihren Münchener Galeristen Hans Goltz war sie gerade nicht gut zu sprechen. Sie hielt ihn für unseriös und unterstellte ihm mangelnden Idealismus.

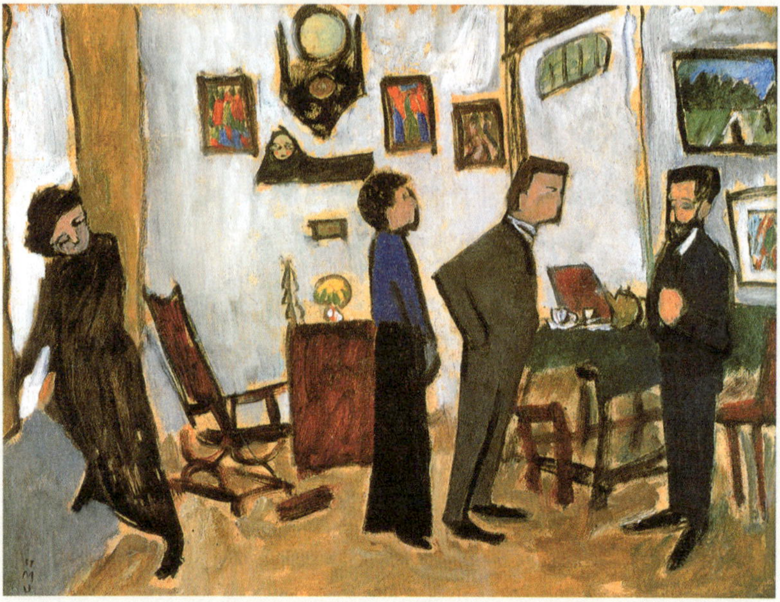

Abb. 24: *Nach dem Tee*, 1912

Einen Besuch von Goltz mit seiner Frau und einer Freundin in der Ainmillerstraße hat sie in mehreren Zeichnungen und Gemälden festgehalten. *Nach dem Tee* zeigt Goltz und Kandinsky im Gespräch, der Künstler blickt mit gefalteten Händen am Galeristen vorbei, der seinerseits, die Arme in die Hüften gestemmt, den ganzen Körper nach vorn geneigt, Kandinsky angriffslustig ins Auge fasst. Die Frauen sind abgemeldet, werden ignoriert, haben sich freiwillig zurückgezogen. Die Biografin Karoline Hille erkennt hier »eine Art Sinnbild für die marginale weibliche Rolle im Kunstdiskurs der Moderne«.[101]

Münter trennte sich von Goltz, um sich fortan von der Berliner Sturm-Galerie vertreten zu lassen. Auf der Titelseite der Sturm-Zeitschrift erschienen zwischen November 1912 und Mai 1913 vier ihrer Holzschnitte, die ersten Holzschnitte an diesem Ort von weiblicher Hand, die sie extra zu diesem Zweck angefertigt hatte und bei denen Walden Wert darauf legte, dass sie als Originale direkt vom Druckstock gedruckt wurden. Damit war Gabriele Münter offiziell und für jeden ersichtlich zur Sturm-Künstlerin geworden.

Franz Marc bereitete unterdessen mit Herwarth Walden in Berlin ein weiteres ehrgeiziges Projekt vor, an dem auch Münter und Kandinsky partizipierten. In einem neu zu schaffenden Herbstsalon sollte ein Überblick über die internationale Avantgarde gegeben werden.

Natürlich waren die Künstler des *Blauen Reiters* vollzählig präsent, daneben aber auch Michail Larionow und Lyonel Feininger, Max Ernst und Umberto Boccioni, Oskar Kokoschka und Piet Mondrian. Es fehlten Picasso, Munch, Matisse und Beckmann sowie die Maler der *Brücke* – nicht weil man sie nicht gern dabeigehabt hätte, sondern weil sie oder ihre Galeristen abgewinkt hatten. Gar nicht erst eingeladen waren dagegen »wesensfremde Künstler, mit denen gemeinsam zu arbeiten uns unmöglich scheint«, wie es im Katalog hieß.[102] Gemeint waren die gesellschaftlich Etablierten, die sich mit den Verhältnissen arrangiert hatten und in den Augen der Veranstalter nicht die Kraft zur geistigen Erneuerung besaßen.

Doch intern bestanden längst die gleichen Probleme wie zuvor beim *Blauen Reiter*. War Marc zumindest von Kandinsky anfangs begeistert, so hielt sich seine Wertschätzung des *Sturm*-Zirkels von Beginn an in engen Grenzen, und die Kooperation basierte eher auf dem Kalkül, in der kommenden Kunststadt Berlin Fuß zu fassen. Hinter den Kulissen aber überwog die Skepsis. »Berlin brachte uns mancherlei Überraschungen«, heißt es in einem Brief Maria Francks an Lisbeth Macke vom 21. Januar 1913. »Wir waren ja schon gespannt, den Literatenkreis vom ›Sturm‹ kennenzulernen – recht viel Freude hatten wir nicht, unsere Erwartungen waren zu hoch gespannt. Wir wurden im Laufe der Zeit immer mehr deprimiert, wir glaubten bei den meisten Menschen das Verderben der Großstadt zu sehen, fast alle schienen verdorben zu sein.« Und sie schließt mit bemerkenswerten Worten, ohne sich bewusst zu werden, wie gut sie auch auf ihr Verhältnis zu den Mitgliedern des *Blauen Reiters* gepasst hätten: »Zwischen allen steht Eifersucht, Neid und Lüge; es traut keiner dem anderen – die Luft ist unrein.«

Die Beziehung zu Kandinsky hatte nach den ersten acht Jahren ruhigere Bahnen eingeschlagen. Routine und Rhythmus waren eingekehrt. Murnau, München, Moskau waren die wiederkehrenden Stationen seines Jahres. Auch 1913 verbrachten Münter und er gemeinsam das Frühjahr am Staffelsee, doch wenn er seine Koffer packte, um allein nach Russland zu reisen, wurde die Leere für sie von Mal zu Mal unerträglicher.

Von Juli bis September war Kandinsky in Moskau, um den Verkauf seines Hauses und die Bauarbeiten für einen Neubau zu regeln, von dem er sich höhere Gewinne erhoffte, schließlich waren die Mieteinnahmen wesentlicher Bestandteil seines Lebensunterhalts. Mit der Revolution, die den Verlust der Immobilie mit sich brachte, sollten sich diese Hoffnungen jedoch wenige Jahre später ganz zerschlagen.

Auch 1914 waren die beiden wieder ab Mai gemeinsam in Murnau. Als am 28. Juni der österreichische Thronfolger Franz Ferdinand und seine Frau Sophie ermordet wurden, ahnten Kandinsky und Münter noch nicht, dass dieses Ereignis auch für sie einen endgültigen Bruch in ihrem Leben bedeuten würde. Während sie in der bayerischen Provinz saßen, eskalierte in den folgenden Wochen die politische Lage in Europa. Nach der Kriegserklärung Deutschlands an Russland am 1. August 1914 waren Münter und Kandinsky Staatsbürger verfeindeter Nationen. Überstürzt brachen sie nach München auf, um von dort gemeinsam das nächstgelegene neutrale Ausland zu erreichen. In Rorschach am Bodensee fanden sie sich als Emigranten wieder.

Die Russen in Deutschland hatten ein Ultimatum gestellt bekommen, das Land zu verlassen. Davon betroffen sahen sich auch die Freunde Jawlensky und Werefkin. Nach der Kriegserklärung an Frankreich am 3. August erweiterte sich der Kreis. Nun galten auch die französischen Freunde Delaunay und Girieud offiziell als Gegner der Deutschen.

Die Kriegsbegeisterung in Deutschland, die Gegner zu Staatsfeinden stempelte, erfasste auch weite Teile der Künstlerschaft, ungeachtet des internationalen Netzwerks, das über Jahre vor allem zwischen Deutschland, Frankreich und Russland geknüpft worden war. Der Fanatismus, mit dem Franz Marc ganz persönlich die Notwendigkeit des Krieges rechtfertigte, war dabei weniger ein nationalistischer als vielmehr ein transzendenter und spiritueller. Seine Vorstellungen des Kriegs als reinigender Kraft erinnern fatal an das Pathos von der universellen Umwälzung, Reinheit und Erneuerung durch die Kunst, wie er sie zuvor im Kontext des *Blauen Reiters* formuliert hatte.

Keine zwei Monate nach Kriegsbeginn ließ August Macke sein

Leben an der Westfront, Franz Marc starb am 4. März 1916 unweit von Verdun. Damit war auch der *Blaue Reiter* unwiderruflich zu Grabe getragen und ein versöhnliches Anknüpfen an die alte Begeisterung ein für alle Mal ausgeschlossen.

Kandinsky nahm sich in den zwei Tagen nach Kriegsbeginn die Zeit, Franz Marc ein letztes Mal in seinem neuen Domizil in Ried bei Kochel zu besuchen, wo der Freund sich drei Monate zuvor eine Villa mit Freigehege für seine Rehe gekauft hatte und sich damit einen langgehegten Traum erfüllte. In Kürze würde Marc gegen die Entente, also auch gegen das Land Kandinskys, einrücken. Jetzt aber führte er den Russen durch sein Anwesen und zeigte ihm die Rehe, die er geradezu zärtlich liebte. Der Abschied von Kandinsky im Angesicht der Rehe war ein endgültiger. 19 Monate später, Maria Marc weilte noch bei ihrer Freundin Lisbeth Macke in Bonn, um ihr nach dem Tod Augusts beizustehen, erreichte auch sie die Nachricht vom Tod ihres Mannes. Er war – Ironie des Schicksals – als Reiter auf einem Erkundungsritt gefallen.

Die Monate August bis November 1914 verbrachten Münter und Kandinsky gemeinsam in der Schweiz, zuletzt in Zürich, doch dieser Aufenthalt hatte zwangsläufig etwas Provisorisches, denn Kandinsky zog es nach Moskau, während Münters Zuhause nur 200 Kilometer weiter östlich jenseits der Grenze lag, die für sie kein Hindernis bedeutete, schließlich war sie Deutsche, mit dem Feind nicht ehelich verbunden und zudem eine Frau, der keine Einberufung drohte.

Kandinsky erklärte während der Monate in der Schweiz die Verbindung mit Münter für gescheitert, doch er hatte das schon wiederholt getan, so dass dem Entschluss Glaubwürdigkeit und überzeugende Dramatik fehlten, zumal er in seiner Zerrissenheit zugleich sein Eheversprechen erneuerte und sich mit ihr im neutralen Skandinavien verabredete. Aus eigener Kraft hätte er die Trennung wohl niemals zustande gebracht. Der Krieg war es, der ihr Zusammenleben und damit auch ihre Beziehung letztlich beendete. Er bedeutete für Kandinsky auch einen Abschied von Murnau für immer.

Hoffnungen auf ein baldiges Kriegsende wurden enttäuscht, für Reichskanzler und Militärführung kamen Friedensverhandlungen nicht infrage, obwohl sich bereits im November 1914 abzeichnete, dass ein »Siegfrieden« zumindest in weite Ferne rückte und etwas hellsichtigeren Zeitgenossen längst ausgesprochen unwahrscheinlich erschien.

Kandinsky kehrte zurück nach Moskau, Gabriele Münter fuhr nach Bayern und versetzte das Murnauer Russenhaus – mitten im Krieg sicher kein schmeichelhafter Beiname – in einen langen Winterschlaf. Im Angesicht des Abschieds erschien ihr Murnau besonders reizvoll, mit allen Sinnen sog sie noch einmal die Atmosphäre dieses Ortes in sich auf, an dem sie die intensivsten Jahre ihrer bisherigen Laufbahn als Künstlerin verbracht hatte, bevor sie in München den gemeinsamen Haushalt mit Kandinsky auflöste. Auf die Möbel, die für ein Dutzend Jahre eingelagert bleiben sollten, wartete die Spedition, die Dokumente für die Reise nach Skandinavien waren ausgestellt, Herwarth Walden, der über beste Kontakte nach Schweden verfügte, schickte einige ihrer Bilder voraus. Gabriele Münter fuhr zunächst nach Berlin, um von dort im Juli 1915 den Absprung zu wagen.

Alle ihre Hoffnungen waren auf ein Treffen mit Kandinsky auf neutralem Boden gerichtet. Im Sommer, so hatten sie noch in Zürich vereinbart, würden sie sich in Schweden wiedersehen.

Abstraktion, Ungegenständlichkeit und ein Stillleben mit geflecktem Hund

Es gibt ein paar völlig abstrakte Bilder im Werk Gabriele Münters. 1915 entstanden neun von ihr nur »Form- und Farbstudien ohne Gegenstände« genannte Gemälde, die allerdings in ihrer rustikalen und vitalen Art eine physische Präsenz besaßen, die so gar nichts mit der vergeistigten Eleganz Kandinskys gemein hatte. Sie waren »ohne Gegenstände«, zeigten also auch keine abstrahierten Dinge, sondern materialisierten etwas an sich Immaterielles auf eine sehr handfeste Art und Weise. Sie waren eben ungegenständlich und nicht abstrakt. Das mag spitzfindig klingen, denn die Ergebnisse konnten sich durchaus sehr ähnlich sehen, doch der Weg war ein gegensätzlicher. Nahm die abstrakte Kunst ihren Weg von den Objekten, um sie im Bild aufzulösen, so ging die ungegenständliche Kunst von den Ideen aus, um sie im Bild sichtbar zu machen.

Die Geschichte der Ungegenständlichkeit ist eng mit Spiritismus und Esoterik verbunden. Die möglicherweise frühesten Bilder dieser Art wurden angeblich sogar von Geistern selbst gemalt – vermittelt durch das Künstler-Medium Georgiana Houghton (1814–1884) und ausgestellt in London 1871. Fantastische lineare Verwebungen, florale Strukturen, Gebilde, wie aus feinem Rauch in die Luft geblasen, waren diese Botschaften aus dem Jenseits. Es ist wohl kein Zufall, dass auch die ganz anders gearteten Bilder der Schwedin Hilma Af Klint (1862–1944), die ab 1906 neben ihrer sonstigen Kunst geometrische Formen zu Farbflächen komponierte, metaphysische Kräfte reflektieren sollen. Bereits in der Jugend nahm sie an Séancen teil, wurde 1888 Mitglied der Theosophischen Gesellschaft und war auch in dieser Hinsicht Kandinsky voraus, der erst rund 20 Jahre später mit der Theosophie durch esoterische Literatur und vor allem durch Vorträge Rudolf Steiners, die er in Berlin und München hörte, näher in Berührung kam.

Die Diskussion um die Initialzündung der Abstraktion, für die es nie an neuer und wiedergekäuter Nahrung fehlt, ist letztlich eine Frage ihrer Definition: Ist nur unser heutiger Blick ausschlaggebend, oder auch die Frage, ob der Künstler selbst sein abstrakt oder ungegenständlich erscheinendes Werk bewusst als solches geschaffen hat? Letzteres kann man von den Farbflecken Victor Hugos, die seine Fantasie inspirierten, ebenso wenig behaupten, wie von den Strömungsstudien Leonardo da Vincis, und auch Georgiana Houghton ist, wenn man sie ernst nimmt, keine abstrakte Künstlerin, denn ihre Bilder entsprangen nicht ihrem Bewusstsein.

Gabriele Münter hielt sich ohnehin fern von allzu esoterischen Positionen. Wenn sie ausnahmsweise einmal Bilder »ohne Gegenstände« malte, verstand sie sie ganz profan als Lockerungsübungen, als kleine Ausflüge in die Ungegenständlichkeit, um den Kopf frei zu bekommen, um sich in festgefahrenen formalen Fragestellungen durch den reinen Gestus der Farbe zu entspannen.

Oder sie begriff sie ganz unmittelbar als Hommage an Kandinsky, denn der Gedanke ist nicht von der Hand zu weisen, dass manche in »Erinnerung an den fernen Lebensgefährten und als ein Zeichen der inneren Verbundenheit« entstanden, wie die Biografin Karoline Hille anmerkte.[103]

Auch wenn diese Bilder selbst sehr profunde und haptische Gebilde waren, die Herangehensweise war der Kandinskys sehr verwandt und sollte mit den russischen Suprematisten der kommenden Jahre – die die Überlegenheit des Geistes über die Materie zum visuellen Programm erhoben – ihre lautstärksten Verfechter erhalten: Malten die Künstler des Blauen Reiters als Expressionisten mit unterschiedlich stark ausgeprägtem Abstraktionsgrad, war Kandinsky mit dem Schritt

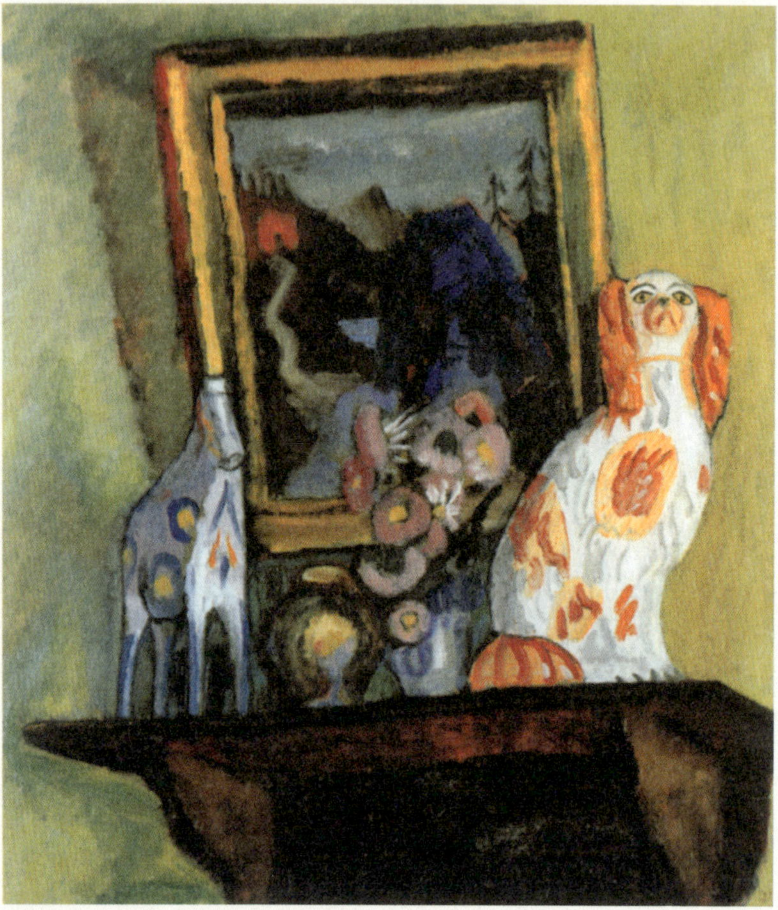

Abb. 25: *Stillleben mit geflecktem Hund,* 1916

in die Welt ohne Gegenstände umgeschwenkt und näherte sich Form und Farbe auf der Leinwand von der anderen, der geistigen Seite, die ihm von jeher mehr entsprach.

Gabriele Münter hat ihn in diesem Denken und Fühlen verstanden. Ebenso wie die Notwendigkeit, dass er diesen Weg allein gehen musste. Deshalb mischte sie sich künstlerisch nicht ein und hielt sich selbst von der totalen Ungegenständlichkeit weitestgehend fern. Sie beschränkte sich auf sporadische Exkurse und widmete auch in Schweden weit mehr Aufmerksamkeit den Objekten, den Vasen und Figuren, die sich wie schon in Murnau und München wieder um sie versammelten.

Auch jetzt dienten sie ihr erneut und noch ausgefeilter dazu, einen ganz eigenen und sehr bodenständigen Begriff von Synthese malerisch umzusetzen. Ihr *Stillleben mit gefleckten Hund* aus dem Jahr 1916 versammelt auf engstem Raum Natur, Kinderspielzeug, Gebrauchskeramik, Kitsch und Kunst zu einem harmonischen Miteinander. Die frischen Blumen in der Vase werden von einem geschnitzten schwedischen Holzpferdchen (Dalahäst) und einem gescheckten Porzellanhund flankiert, während im Hintergrund in goldglänzendem Rahmen über allem eine Gebirgslandschaft mit rotem Haus und blauem Berg prangt. Das Naive des wohl nicht zufällig blauen Pferdes trifft auf den blasierten bunten Hund, der üblicherweise zu nichts taugt als zur Kamindekoration einer geschmacksverirrten Upperclass. Dazwischen zwei sehr verschiedene Vasen, die eine leer, die andere in Gebrauch. Unten die derb-dunkle Konsole aus braunem Holz, oben der goldveredelte Holzrahmen, der den Blick in eine gemalte Ferne eröffnet. Auch formal ist die Komposition raffiniert verschränkt. Die farbigen Punkte der Blüten korrespondieren mit den gefleckten Tieren links und rechts und leiten zugleich über in die Landschaft, die als bereits einmal künstlerisch reflektierte Natur zum Bild im Bild wird.

Sie wirkt wie ein Stück transportabler Erinnerung an die Alpen, als Ausblick in die Vergangenheit, vor der sich Repräsentanten der neuen schwedischen Gegenwart – explizit das von Münter mehrfach festgehaltene Holzpferdchen – formieren.

Das Bild wirkt wie ein Statement, dass Gabriele Münter erneut an einem Ort angekommen ist, an dem sie sich zu Hause fühlt, ohne dabei ihre Vergangenheit ganz hinter sich zu lassen.

Die Ohren weit auf

JAHRE IN SKANDINAVIEN

Kandinsky ließ auf sich warten. So hatte Münter genug Zeit, sich noch Kopenhagen anzusehen, bevor sie sich in Stockholm in einem kleinen, gemütlichen und durchlichteten Apartment einmietete. Sie war gelöst und begeistert von der neuen Stadt und befand sich in einem Zustand zwischen freudiger Erwartung auf ihren Lebensgefährten, den sie seit einem Jahr nicht mehr gesehen hatte, und dem Abenteuergefühl, die neue Umgebung ganz eigenständig für sich entdecken zu können – ohne Kandinsky, den bindungsscheuen Anachoreten und Bremser, der sich lieber in Hotelzimmern vergrub und neue gesellschaftliche Kontakte mied.

Für die einnehmende Gabriele Münter, inzwischen 38 Jahre alt, war es die Gelegenheit, nicht nur in ihrer Selbstwahrnehmung, sondern auch im Spiegel der Gesellschaft aus dem Schatten Kandinskys herauszutreten. In Schweden war sie plötzlich die souveräne Mitbegründerin des in Künstlerkreisen bereits legendären *Blauen Reiters*, die Ausländerin, die bereits zehn Jahre zuvor in Paris gelebt hatte, die Kennerin der Kunstszene in München, im Rheinland und in Berlin, die Frau, die klar und dezidiert über Kunst sprechen konnte. Ein wenig nahm sie die Position ein, die Marianne von Werefkin einst in München eingenommen hatte, lud – wenn auch in weit bescheidenerem Rahmen – zu Treffen in ihren Salon, zu Gesprächen über Kunst und scharte eine überwiegend jüngere Generation schwedischer Künstler um sich.

Sie hatten sich selbst 1909 *De Unga (Die Jungen)* genannt und sahen sich als die schwedischen Fauvisten, die teilweise bei Matisse persönlich in die Schule gegangen waren. Inzwischen war aus der Künstlergruppe *De Åtta (Die Acht)* geworden. Dem bezaubernden Paar Isaac Grünewald und Sigrid Hjertén war Münter bereits in Berlin bei Herwarth Walden begegnet, jetzt traf sie die beiden in Stockholm wieder, ebenso wie ihren einstigen Mitschüler in der Phalanx-Schule, Carl Palme, der ihr die neue Heimat näherbrachte. Münter ließ keine Stunde zu viel verstreichen, bis sie in der Galerie Gummeson ihre Aufwartung machte. 1912 gegründet, hatte sie sich der Moderne verschrieben und war Partner der Berliner Sturm-Galerie. Münter kam gerade rechtzeitig, um die Ausstellung eines kurzzeitigen Weggefährten zu sehen: Franz Marc.

Im Handumdrehen gelang es ihr, mit Carl Gummeson zwei Einzelausstellungen für Kandinsky und sich selbst zu vereinbaren, die im Februar und März 1916 stattfinden sollten. In ihrer nahezu grenzenlosen Loyalität gegenüber Kandinsky, der sich weiter rarmachte, lavierte sie sich selbst zusehends in die Rolle der Prophetin, die dem kommenden Heiland den Weg bereitete. Als der Kunst-Messias dann einen Tag vor Heiligabend in Stockholm eintraf, war die Kulturwelt freudig erregt. Eine Einladung jagte die nächste, Kandinsky wurde herumgereicht bis in die Villa des Malers, Kunstsammlers und Sohns des Königs, Prinz Eugen, und die Eröffnung seiner Ausstellung am 1. Februar wurde zu einem Ereignis im Kulturleben der Hauptstadt.

Drei Monate währte das Glück für Gabriele Münter und wurde gekrönt durch ihre eigene Ausstellung, die am 1. März eröffnete und für die sie hymnisch gefeiert wurde. Kandinsky machte ihr aus diesem Anlass seinen Text *Über den Künstler* zum Geschenk, zum Abschiedsgeschenk, in dem es heißt: »Gabriele Münter machte ihre Ohren weit auf, und mit echter künstlerischer Liebe hörte sie nicht nur die französische Sprache, sondern jede beliebige aus jedem Land und jeder Zeit. Und sie ist trotzdem […] sie selbst geblieben, und ihre Bilder bleiben unverkennbar.«[104]

Zwei Wochen später reiste Kandinsky zurück nach Moskau, nicht ohne sein Heiratsversprechen erneuert zu haben. Doch auch ohne offizielle Dokumente, so versicherte er Münter, war ihre Verbindung so tief und fest, dass diese Papiere nicht mehr als Formalitäten darstellen konnten. Am 16. März 1916 bestieg er den Zug, und Gabriele Münter sollte ihn nie wiedersehen.

Im gleichen Jahr eröffnete die Stockholmer Kunsthalle, benannt nach dem Industriellen und Stifter Carl Frederik Liljevalch, in der Gabriele Münter bereits im folgenden Jahr in einer Gruppenausstellung ihre Werke präsentieren konnte. Der *Verein schwedischer Künstlerinnen* unternahm in Kooperation mit der *Vereinigung bildender Künstlerinnen Österreichs* ein außergewöhnliches kuratorisches Projekt, das ganz Künstlerinnen vorbehalten blieb.[105] Münter teilte sich einen Saal mit Sigrid Hjertén und Malin Gyllenstierna und arrangierte ihre Werke, fast alle in den vergangenen sehr produktiven eineinhalb Jahren in Schweden entstanden, in einer Petersburger Hängung, die sich zur Mitte hin immer mehr reduzierte und so das zentrale Gemälde *Musik* nochmals besonders betonte. Im Zentrum des Bildes wiederum steht ein junger, eher schmaler Geiger im dunklen Anzug mit ebenso dunklem Instrument hinter einem Stillleben aus Buch, Blumenvase, Uhr und der oval gerahmten Fotografie eines Paares. Zwei sitzende Frauen lauschen, die eine mit dem Rücken zum Betrachter rechts am Klavier, die andere links vor einem Vorhang, die Arme verschränkt, den Kopf geneigt. Das Motiv der schlanken Blumenvase im Vordergrund wiederholt sich mehrfach, selbst noch im angrenzenden Salon, in den der Blick durch eine geöffnete Flügeltür fällt.

Eine zweite Uhr hängt auf gelber Tapete über dem Klavier. Das Gelb taucht links der Uhr im Kreuz einer schwedischen Flagge wieder auf, deren blauer Grund sein Pendant in den Blumen findet, die rechts auf dem Klavier stehen. Zwei Räume, zwei Uhren, ein Doppelsessel im

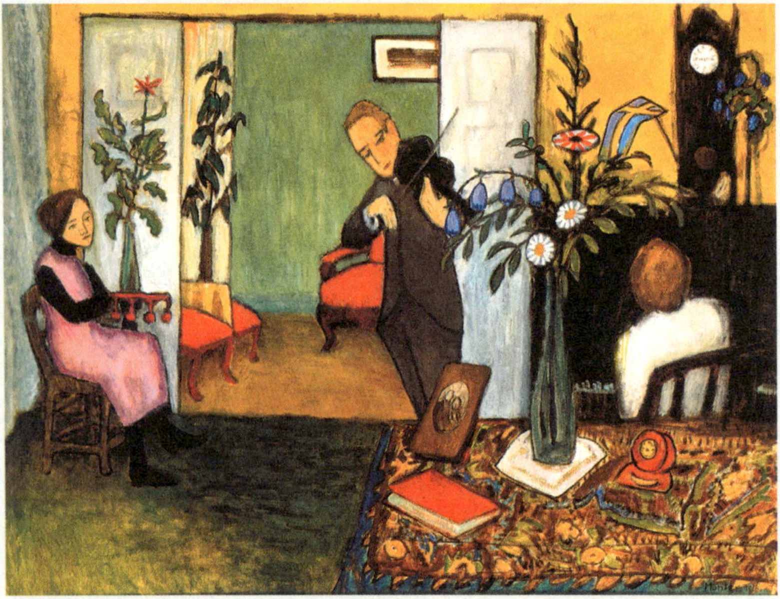

Abb. 26: *Musik*, 1916

Hintergrund, dazu vorn ein Doppelbildnis unter zwei Margeritenblüten, zwei Frauen. Und im Zentrum des Bildes, im Zentrum der gesamten Hängung an der Wand der Kunsthalle, im Zentrum der gesamten Malerei: die personifizierte Musik.

Auch wenn Gabriele Münter spätestens mit diesem Werk den *Blauen Reiter* hinter sich gelassen hat und sich die von Kandinsky auf die Spitze getriebene Visualisierung von Klängen nie zu eigen machte: Das Gemälde ist mehr als das Bild eines Hausmusikabends, es zeigt ihren eigenen Zugang zur Musik, den sie seit ihrer Jugend mehr vernachlässigt als gepflegt hatte, der aber noch immer lebendig war. Vielleicht ist sie es selbst, die dort am Klavier sitzt, um bei sich bietender Gelegenheit in die Musik einzustimmen.

Weiterhin offen für Experimente und neue Einflüsse versuchte sich Münter ab 1916 auch an neuen Techniken, der Radierung und bald darauf auch an der Lithografie. Zugleich entstand eine Reihe von Damenbildnissen, Auftragsporträts der Gesellschaft, aber auch Bilder von Freundinnen, die alle mondäne, selbstbewusste und schöne Frauen zeigen. Ihr Einfühlungsvermögen und ihre Empathie öffneten ihr die Türen. »Ohne Respekt vor den Menschen ist kein wahres Bildnis möglich«, war ihre Überzeugung. Man könne die Ähnlichkeit vernachlässigen und nur ein wirkungsvolles Bild schaffen, man könne die äußere, physiognomische Ähnlichkeit auch übertreiben, was zu einem karikaturhaften Zerrbild führe. Beides sei der falsche Weg. Stattdessen seien Teilnahme und Herzlichkeit gefragt. »Die Aufgabe der Darstellung des Menschen ist so bedeutend, daß ich mich nie versucht gefühlt habe, darüber hinaus zu gehen, die menschliche Erscheinung etwa aufzulösen, in eigenwillige Konstruktion aufzunehmen oder ganz zu verwerfen und durch gegenstandslose Gebilde zu ersetzen. Mag man glauben, auf diese Weise das Geistige an sich zu erfassen, gewissermaßen die Aura des Menschen darzustellen, ein Gleichnis, ein Sinnbild zu schaffen, so

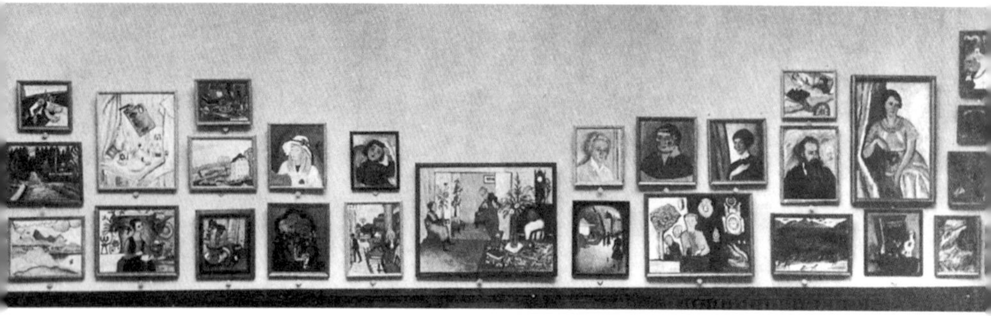

Abb. 27: Ausstellungswand in der Liljevechs Konsthall, 1917

ist doch die körperliche Erscheinung des Menschen, namentlich das Gesicht, selber schon Sinnbild.« Das Körperliche erscheint als das natürliche Symbol für das Geistige.[106]

Im besten Sinne des Wortes war Münter zu einer Society-Künstlerin geworden. Sie war auf dem Höhepunkt ihres künstlerischen Renommees, aber zugleich so arm wie nie zuvor. Dabei fiel es ihr in Skandinavien vergleichsweise leicht, auszustellen. In der Galerie des italienischen Futuristen Arturo Ciacelli in Stockholm, 1915 auch Herausgeber der abseitigen Zeitschrift *Ny Konst (Neue Kunst)*, in deren einziger Ausgabe unter anderem ein Totalverriss des Werks von Franz Marc erschienen war, oder in *Den Frie Udstelling (Die freie Ausstellung)*, dem Kopenhagener Pendant zu den deutschen Sezessionen, wo sie über 120 Werke zeigen konnte. Für das Plakat griff sie erneut auf das Motiv des Stehgeigers zurück, der vertieft in seine Musik mit geschlossenen Augen einer lauschenden Frau aufspielt.

In Dänemark konnte sie vorübergehend bei der Dichterin Anna Roslund, der Schwester von Herwarth Waldens zweiter Frau Nell, wohnen. Das internationale Netzwerk funktionierte. Münters Kontakte zur Berliner Sturm-Galerie waren einmal mehr ausgesprochen hilfreich.

Anna Roslund erscheint auf dem Porträt, das Münter in Kopen-

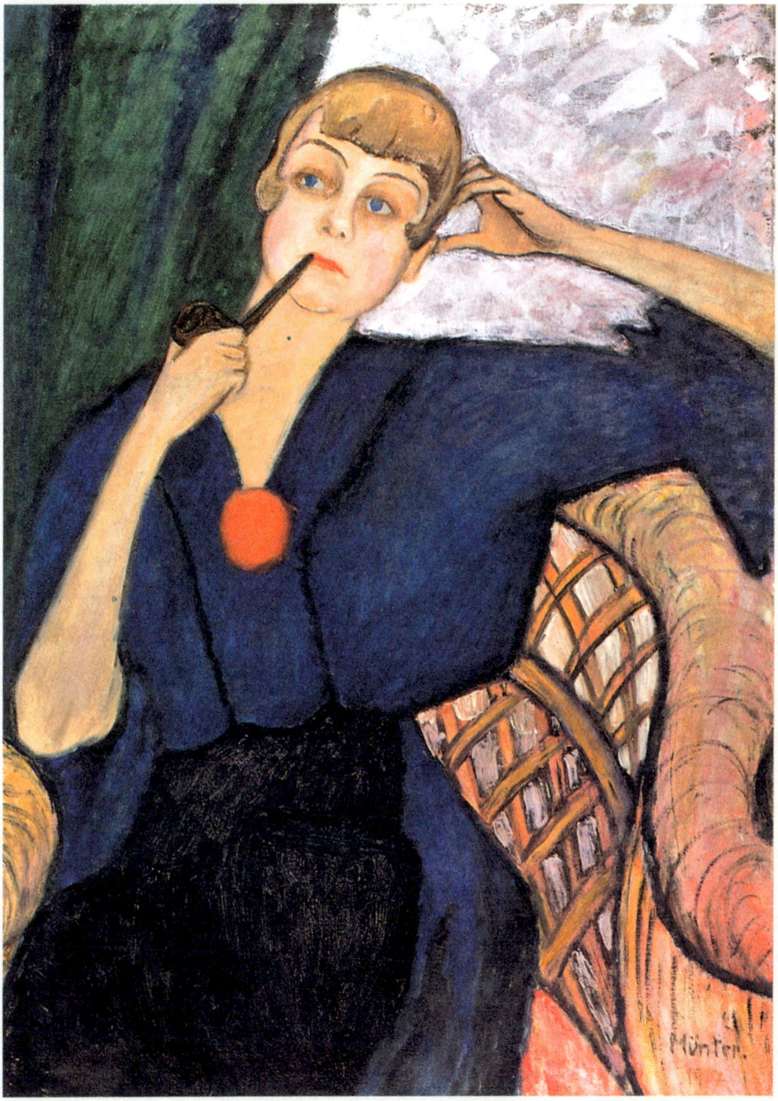

Abb. 28: *Porträt Anna Roslund*, 1917

hagen von ihr schuf, wie der Inbegriff dieser Grenzen überwindenden neuen Generation, die sich als Weltbürger der Moderne fühlte. Entspannt im Korbstuhl sitzend, den Kopf mit der Kurzhaarfrisur und den in hohen Bögen aufgemalten Augenbrauen leicht gegen die linke Hand gestützt, blickt sie aus wasserblauen Augen versonnen an der Künstlerin vorbei ins Unbestimmte und führt eine Pfeife an die schmalen roten Lippen.

Gabriele Münter unterhielt den Kontakt zu dieser Generation, sie pflegte auch Freundschaften mit deutlich Jüngeren, aber sie gehörte nicht mehr dazu. Die Avantgarde, das waren jetzt andere.

Die grauen Zwanziger

Herwarth Walden hatte ihr bereits 1917 geraten, nach Deutschland zurückzukehren, als sie ihm gegenüber von den Schwierigkeiten berichtete, in Schweden ein finanzielles Auskommen zu finden.

1920, nachdem das Warten auf Kandinsky lange schon überstrapaziert war, schickte sie endlich ihre Bilder nach München und reiste hinterher. Vorwärts in die Murnauer Vergangenheit, in ihr Haus, allerorten bemalt von ihr selbst und von Kandinsky, ein Denkmal ihrer Beziehung, das sie bei ihrer Rückkehr zu allem Überfluss auch noch von den Voreigentümern besetzt vorfand. Sie hatten offenbar darauf gehofft, dass Gabriele Münter nicht mehr zurückkehren würde. Einen Zwischenstopp auf der Heimreise legte sie von März bis Mitte Mai bei ihrer Schwester in Berlin ein.

Der Krieg und die deutsche Revolution waren weitgehend an ihr vorbeigegangen. Gespürt hatte sie die Nebenwirkungen: Vertreibung, Tod, Lebensmittelknappheit, Verunsicherung auf dem Kunstmarkt. Doch jetzt geriet sie mitten in eine neue Zeit. In Deutschland hatte der Kaiser abgedankt, es herrschte Demokratie, sogar Frauen durften wählen und die Berliner, Einwohner der drittgrößten Stadt der Welt, stürzten sich ins Vergnügen, in die Varietés, Lichtspielhäuser und Swing-Clubs, saßen in Kaffeehauspalästen, fuhren ganzjährig Schlittschuh in Eislauftempeln und tanzten des Nachts Tango.

Gabriele Münter sah das mit Interesse, öffnete sich auch dem kommenden Stil der Neuen Sachlichkeit, aber gehörte als Impulsgeberin in der Kunst doch der Vorkriegszeit an. Sie war respektiert und wurde nach ihrer Rückkehr auch von der Galerie Thannhauser mit einer Einzelausstellung bedacht, aber zehn Jahre nach Gründung des *Blauen*

Reiters war auch sie schon Teil der Kunstgeschichte. Das nahm sie mit Bestürzung zur Kenntnis.

Was sie neben ihrer Kunst für die nächsten Jahre beschäftigen sollte, war wieder einmal Kandinsky. Sein Schweigen während ihrer Zeit in Schweden vermochte sie sich in diesen unruhigen und gewaltsamen Zeiten zunächst nur durch seinen Tod zu erklären, aber 1920 wurde ihr zugetragen, dass er bereits seit drei Jahren wieder verheiratet war. Mit der gut 25 Jahre jüngeren Nina Andrejewsky, die er 1916 kennengelernt hatte, während Gabriele Münter sehnsüchtig und vergeblich auf ihn gewartet hatte. 1917 wurde bereits Alexej und Nina Kandinskys Sohn Wsewolod geboren, der nur drei Jahre alt werden sollte. Kandinsky hatte sich offensichtlich außerstande gesehen, von sich aus seine langjährige Gefährtin von den gravierenden Ereignissen seines Lebens in Kenntnis zu setzen.

Ab 1921 war er in Begleitung seiner neuen Ehefrau sogar wieder in Deutschland, eingeladen von Walter Gropius, als Dozent am Bauhaus in Weimar. Während der kommenden zwölf Jahre als Bauhauslehrer nahm er die deutsche Staatsangehörigkeit an. In dieser Hinsicht hatte er dazugelernt, doch gegen die nationalsozialistische Propagandamaschine half ihm auch kein deutscher Pass. 1933 musste er nach Frankreich emigrieren – Russland war längst keine Option mehr –, um schließlich 1939, fünf Jahre vor seinem Tod, noch die französische Staatsbürgerschaft zu erwerben. Neuilly-sur-Seine, die letzte Station seines bewegten Lebens, lag keine zehn Kilometer von Sèvres entfernt, dem Ort, an dem er Jahrzehnte zuvor mit Gabriele Münter eine so intensive Zeit verbracht hatte.

Doch 1920 konnte noch keiner ahnen, dass er ein zweites Mal aus Deutschland vertrieben werden würde. 1920 war er noch in Russland, und auch wenn er sich Münter gegenüber tot stellte, es sickerten allmählich Lebenszeichen durch, die bei ihr eine Vielfalt von Emotionen erzeugten. Überraschung ob seiner Eheschließung, Hoffnung auf einen Besuch und eine Aussprache in Murnau, Fassungslosigkeit angesichts einer Anfrage der Spedition, bei der sie den gemeinsamen Hausstand der Ainmillerstraße eingelagert hatte: Zwei Herren seien dagewesen, hieß es, um Bilder abzuholen.

Selbstverständlich war es Münter gewesen, die die Lagerkosten bezahlt hatte, sie hatte das Inventar wie einen Schatz, als Symbol ihrer Beziehung und zugleich als das einzig Konkrete, Materielle ihrer Verbindung, über Jahre hüten lassen, und nun versuchte Kandinsky, hinter ihrem Rücken sich daran zu vergreifen.

Die charakterlichen Mängel der Lichtgestalt eines neuen visuellen Idealismus, als der er von der Avantgarde gefeiert wurde, ließen sich nicht mehr ignorieren, und Münter reagierte mit Bitterkeit auf seine »gehässige Übergehung« und sein »gehässiges Schweigen«.

Es kam zum Rechtsstreit, und doch versuchte sie parallel, wenn er zu einem Gespräch schon nicht fähig war, wenigstens auf schriftlichem Weg noch zu einer Aussprache zu kommen. Was sie ihm schickte, war mehr als ein Brief, es war eine 40-seitige Anklageschrift. Er sah sich nun doch genötigt, der Frau zu antworten, die er einst mit »Liebes Ellchen« angeredet hatte. Nun siezte er sie wie eine Fremde, mit der er geschäftlich verhandeln und einen Deal über die Bühne bringen musste.

Während des drei Jahre andauernden Rechtsstreits, der mit einem Vergleich endete, schrieb sich Gabriele Münter, die ihren Status als verlassene Ehefrau untermauerte, indem sie sich wiederholt Münter-Kandinsky nannte, ihre Wut, Enttäuschung, Verbitterung und Trauer von der Seele, Seite um Seite, ein Manuskript, das sie treffend als »Beichte und Anklage« bezeichnete. Zermürbend war für sie auch, dass Kandinsky nun an der führenden Kunstschule der Avantgarde unterrichtete, während sie sich abgehängt fühlte. Als Frau tat sie sich doppelt schwer. Nicht einmal in den Bauhaus-Werkstätten waren Frauen »Formmeister«, lediglich für das Fach »Harmonisierungslehre« hielt man offenbar eine Frau als tonangebende Dozentin für angebracht. Sogar den Bereich Fotografie überließ man bis 1929 einem männlichen Amateur, während seine Ehefrau, die professionelle Fotografin Lucia Moholy, lediglich die Bauhaus-Produkte in Sachaufnahmen dokumentieren durfte.

Was für ein Schicksal hätte wohl Gabriele Münter ereilt, wäre sie an der Seite Kandinskys in die Provinzstädtchen Weimar und Dessau geraten? Keine der Bauhauslehrer-Ehefrauen konnte auch nur schemenhaft aus dem Schatten ihres Mannes heraustreten, selbst wenn die eigenen künstlerischen Ambitionen vielversprechend waren wie bei Julia Feininger, Anni Albers, Gertrud Arndt oder Lily Klee. Am Ende blieb ihnen meistens ein Dasein als Hausfrau und Mutter. Kandinskys neue Ehefrau Nina passte da weit besser ins Bild als Gabriele Münter. Sie war repräsentativ und begnügte sich mit der Rolle als Gattin.

Die Berliner Schriftstellerin und Aktivistin Lu Märten hatte bereits 1914 konstatiert: »Der arbeitende Mann, ganz besonders der geistig oder künstlerisch tätige Mann, betont und fordert schon als Jüngling seine entsprechende Entlastung, er sichert sich gleichsam das gewählte Feld seiner Arbeit vor Störungen und Überfällen und gewinnt durchaus die gesellschaftliche Absolution, wenn er seinem Werk, seiner Arbeit, seiner speziellen Begabung alles [...] unterordnet, oder mehr: völlig opfert.« Bei Frauen sei die gegenteilige Situation gegeben. Während die Eheschließung die Männer entlaste, sei sie für die Frauen eine Belastung.[107] Sich Freiraum für die schöpferische Arbeit zu erkämpfen wurde von der Gesellschaft je nach Geschlecht konträr bewertet: Der kreative Mann verwirkliche sich zielstrebig selbst, die schöpferische Frau vernachlässige ihre Pflichten. So modern der Anstrich auch war, den sich das Bauhaus gab, diese Denkweise war auch hier spürbar: Frauen und Kunst? Nach Möglichkeit wurde den Studentinnen die Weberei als adäquate Werkstatt nahegelegt. Dabei spielte der Gedanke eine Rolle, der bereits im 19. Jahrhundert formuliert worden war: Frauen sollten ausgebildet werden, um für den Fall, dass sie unverheiratet blieben, ihren täglichen Lebensunterhalt verdienen zu können. Künstlerische Entfaltung dagegen war doch für das weibliche Geschlecht eher als verzichtbarer Luxus zu betrachten.

Auch Münter konnte sich ihre Kunst nur aufgrund ihrer finanziellen Unabhängigkeit leisten. Während der Kriegsjahre bereits minimiert, schmolz das Münter'sche Familienvermögen mit der Inflation allerdings völlig dahin. Sie machte Schulden bei ihrer Schwester und deren Mann. Was blieb, war ein Grundstück in Berlin-Wilmersdorf, das es nun zu verkaufen galt. Nach 25 Jahren mit Leibrente, die ihr das unabhängige Leben ermöglicht hatte, kam es vorübergehend zu einer ernsten Flaute. Sie nahm Sommergäste in ihrem Haus in Murnau auf und warb im Bekanntenkreis um Besucher, die ein wenig Geld dalie-ßen, vor allem aber die Einsamkeit in der »schönen, grünen Stille« erträglicher machen würden, »wo man am Tage die Vögel u. abends die Frösche hört«.[108] Den ehemaligen Dadaisten Hugo Ball, selbst nicht gerade durch Großstadtleben verwöhnt, hatte sie auch schon eingeladen. Sein knapper Bericht stellt die ganze Dramatik des Ortes vor Augen. »Frau Kandinsky, die ich bei Bekannten traf, hat mich in ihr Häuschen nach Murnau eingeladen. Ich war nur einen Tag dort und bewunderte die vielen prächtigen Glasbilder, die ihr Gatte dort hinterlassen hat. Vor dem Krieg sah dieses Häuschen öfters Arnold Schönberg und Franz Marc. Jetzt ist es ganz vereinsamt. Ein paar verstreute Veilchen blühten im Garten«, schrieb Ball Ende März 1922 an seinen Freund Hermann Hesse. »Es war wie ein Sonntag auf dem Friedhof. Es schien mir so phantastisch, daß ich flüchtete.«[109]

Der Versuch, das Anwesen längerfristig zu vermieten, scheiterte, doch sie wollte fort von jenem Ort, der mit jeder Nippesfigur und jedem bemalten Möbelstück an die Zeit mit Kandinsky erinnerte. Anfangs fuhr sie mehrfach ins Hotel Schloss Elmau, das während des Krieges in der dramatischen Alpenlandschaft unter der Wettersteinwand errichtet worden war und für Münter fast schon eine zweite Heimat wurde. Hier pflegte man eine für sie wohltuende Mischung aus klösterlicher Einkehr, gesellschaftlicher Salonatmosphäre und Musikabenden auf hohem Niveau.

Ihre eigenen revolutionären Jahre lagen hinter ihr, und das Gleiche galt für Kandinsky, der ihr eine Mitschuld am Scheitern der Beziehung gab und die letzten gemeinsamen Jahre zur Leidenszeit stilisierte. Da klang durchaus Prophetie und Sarkasmus durch, wenn Münter ihm nachrief: »Deine Entwicklung hast Du an meiner Seite durchgemacht, und die Höhe der Werke Deiner ›Unglücksjahre‹ 1909 bis 1914 erreichst Du nicht mehr.«[110]

Zwei Wochen vor Weihnachten, am 9. Dezember 1924, entfloh sie dem Murnauer Heim nach Köln, um dort Josef Haubrich von einer Einzelausstellung zu überzeugen, die bereits zwei Monate später im Kölner Kunstverein eröffnet wurde. Im Herbst 1925 entschloss sie sich, ihre Zelte in Bayern ganz abzubrechen, die Murnauer Isolation zu verlassen und nach Berlin zu ziehen.

Dank der Verbindung zu Herwarth Walden kam sie schnell in Kontakt mit Künstlern der Novembergruppe, wie Lou Albert-Lasard, und porträtierte unter dem Titel *Die Unvergleichliche* die Autorin Sylvia von Harden, die man regelmäßig im Romanischen Café antraf, wo sie Otto Dix etwa zur selben Zeit als Ikone des intellektuellen Lebensgefühls der 1920er Jahre in gewohnt rigoroser Manier mit dem Drang zur Hässlichkeit malte, die Zähne gebleckt, ihre überdimensionierten Hände wie Barrieren vor dem Körper positioniert, die kurzen Beine übereinandergeschlagen, die Strümpfe ein wenig verrutscht. Bei Münter sitzt sie auf einem Quader – Steinblock oder modernistisches Möbel-

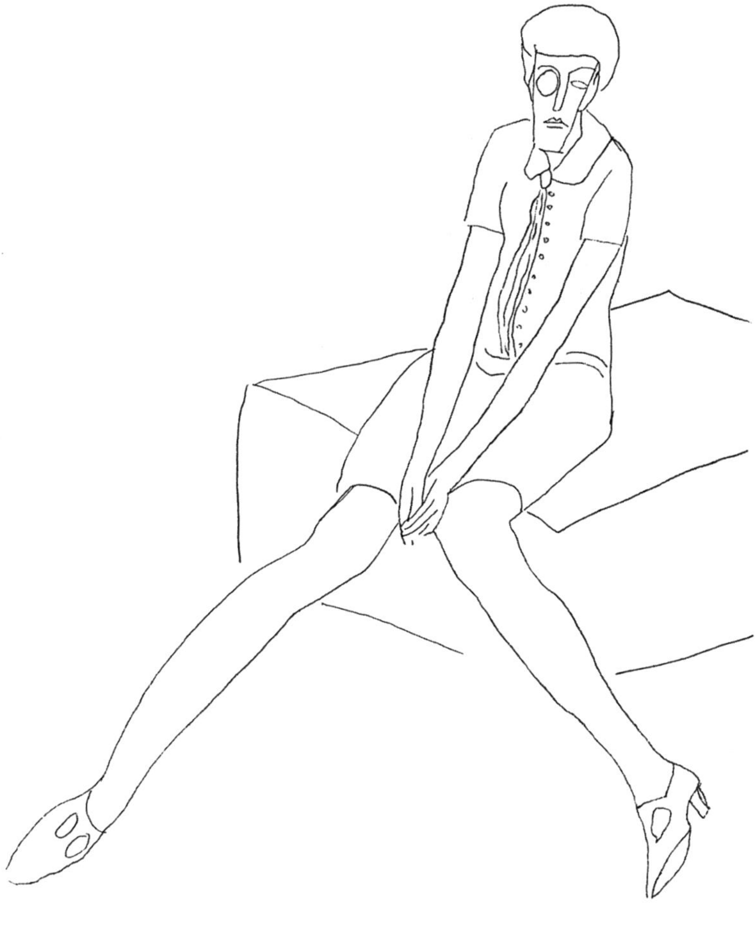

Abb. 29: *Die Unvergleichliche*, 1926

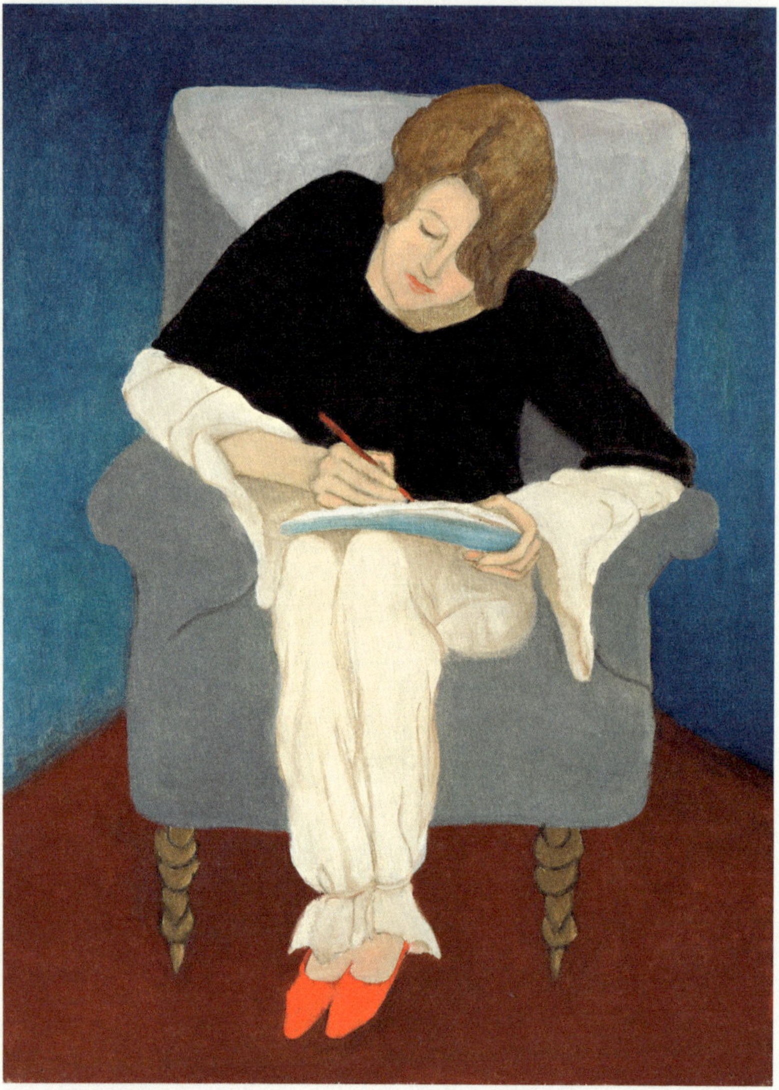

Abb. 30: *Sitzende Frau*, 1929

stück –, das Monokel wie bei Dix im rechten Auge, die auffallend kleinen Hände jedoch entspannt in den Schoß gelegt, die langen Beine im rechten Winkel gespreizt. Das Eckige, Verkantete von Gesicht und Körper sind auch hier betont und mit wenigen Strichen treffend gebannt, doch Münter betreibt das Porträt nicht als Typisierung, sondern als Individualisierung, nicht als Exzess, sondern als Einfühlungsversuch.

An die Stelle von Landschaft und Stillleben war während ihrer Jahre in Schweden erneut der Mensch als zentrales Thema ihrer Kunst getreten. Das war nicht zuletzt ihrem Umfeld geschuldet, das in den Jahren mit Kandinsky ein tendenziell gesellschaftsfernes gewesen war und in Ermangelung lebender Modelle eine Ausrichtung auf Objekte und Naturphänomene zur Folge hatte. Nun aber war sie ohne Atelier, dafür aber in Elmau und Berlin unter Menschen und der schon in ihrer Jugend gepflegte Beobachtungtrieb, die Neugier auf ihre Mitmenschen, erlebte eine Renaissance. Mit wenigen sicheren Strichen vermochte sie nun zu pointieren, wobei sie den Duktus ihrer Zeichnung dem Charakter des Modells anpasste, mal schroff, mal verspielt, mal flatternd.

Mit ihren reduzierten Zeichnungen der 1920er Jahre erweckte sie auch die Aufmerksamkeit Gustav Friedrich Hartlaubs, den sie 1927 in Elmau kennengelernt hatte und der damals bereits vier Jahre als Direktor der Kunsthalle Mannheim wirkte. Mit seiner legendären Ausstellung »Neue Sachlichkeit. Deutsche Kunst seit dem Expressionismus« (14. Juni bis 13. September 1925) prägte er den Stilbegriff für die führende Kunstrichtung der Ära.

Für einige Zeit versuchte sie die neue Richtung auch in ihrer Malerei zu adaptieren und mit ihrem expressiven Farbempfinden zu verbinden, doch während sie die eruptive Dynamik ihrer letztlich expressionistischen künstlerischen Heimat in der Spontaneität der Zeichnung bewahren konnte, blieben ihr sowohl der Feinschliff als auch die sezierende Kälte der Neuen Sachlichkeit im Grunde fremd. Das Zeichnerische aber begleitete sie weiterhin. »Hatte Gabriele Münter unter den ihr Nahestehenden in jenen Jahren stürmischen Aufbruchs schon immer ein statisches Element dargestellt, so bewährte sich das Fertige ihres Wesens auch später, da Künstlergruppen wie der ›Blaue Reiter‹ schon lange zerstoben waren«, so Hartlaub rückblickend. »G. Münter wirkt zudem als Zeichnerin längst nicht so einfach, so unkompliziert. Offenbar konnte innerhalb des ›Blauen Reiters‹ dieser andere Teil ihrer Möglichkeiten nicht recht zur Entfaltung kommen. Erst in den Jahren größerer Isolierung hat sie vermocht, diesem geheimeren, noch persönlicheren Gestaltungstrieb eine eigene Bahn zu brechen.«[111]

Für Münter selbst war bei aller Flächenhaftigkeit und Farbintensität das Lineare immer Teil ihrer Malerei: »Wer aufmerksam meine Gemälde betrachtet, findet in ihnen den Zeichner.«[112]

Auf einer Schweiz-Tour 1927 fotografierte sie in Cademario bei Lugano zwei Mädchen im Schwimmbad, von denen eines als ›Javanerin‹ in mehreren Gemälden auftaucht und wie eine Hommage an Gauguin Münters Alpenheimat einen Hauch Südsee-Exotik verleiht. Was bewog die Künstlerin zu dieser eigenwilligen »Synthese«? Zusammengekauert und nackt sitzt das Mädchen in der ungewohnten Umgebung, wendet sich ins Profil und lässt den Betrachter doch nicht aus den Augen.

Warum sitzt sie so schutzlos in der Fremde? Ist sie eine aus ihrer Heimat Vertriebene, ein Bild der Entwurzelung, oder ist sie ihrerseits auf der Suche nach Exotik und deshalb in den Alpen gelandet? Das auf den ersten Blick so liebliche Gemälde wirft Fragen auf, die irritieren, die jedoch in der Malerei Münters Tradition haben. Die Vereinigung unterschiedlichster Objekte, die Verbindung verschiedener Kulturen, das Miteinander von Vertrautem und Fremdem, von Profanem und Sakralem, ist eine Konstante, die in der Javanerin im Gebirge lediglich eine weitere Wendung erfährt.

Auf ihrer Reise besuchte Münter auch Marianne von Werefkin, die

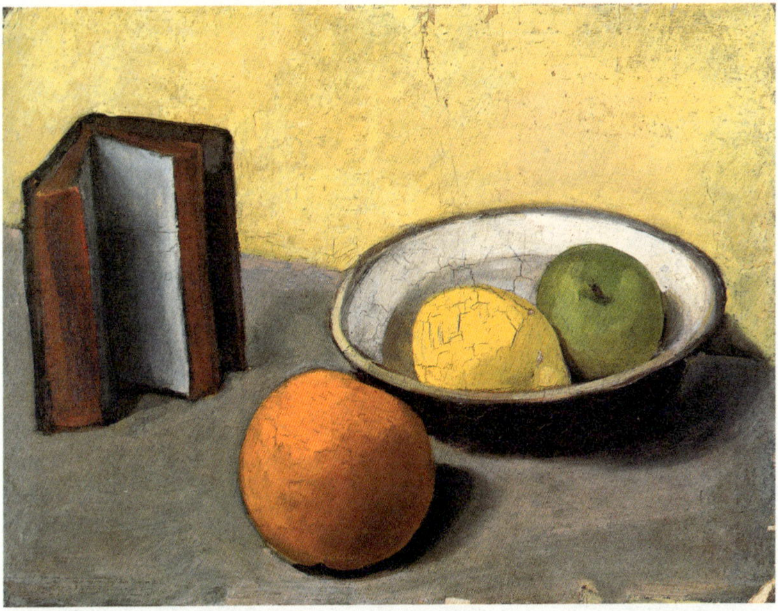

Abb. 31: *Stillleben mit Buch und Früchten*, 1930

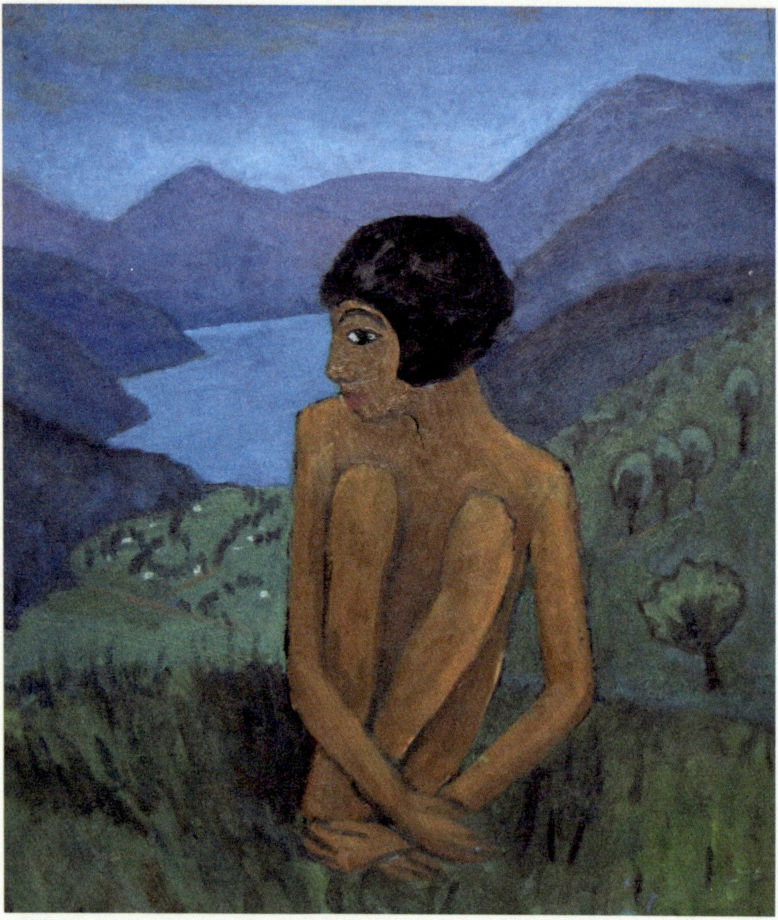

Abb. 32: *Javanerin im Gebirge*, um 1930

Deutschland 1918 den Rücken gekehrt hatte und nach Ascona gezogen war. Im Unterschied zu Kandinsky und Jawlensky – der sich 1921 von ihr getrennt hatte, um nach Wiesbaden zu ziehen und ihre Haushälterin und Mutter seines Sohnes Helene Nesnakomoff zu heiraten – war sie nicht zurückgekehrt, sondern schlug sich am Lago Maggiore durch. Auch bei ihr hatte die russische Revolution die Geldquellen versiegen lassen, doch sie blieb auch in ärmlichen Verhältnissen bis zu ihrem Lebensende 1938 die souveräne Grande Dame.

Das Jahr 1928 brachte für Gabriele Münter die vorsichtige Annäherung an einen Mann, der zum Gefährten der nächsten drei Jahrzehnte werden sollte: der Kunsthistoriker und Philosoph Johannes Eichner, der über *Kants Begriff der Erfahrung* promoviert hatte und sich ganz grundsätzlich mit Methoden der Kunstbetrachtung auseinandersetzte. Eher der Typ des pedantischen und verschrobenen Bücherwurms als des spontanen Abenteurers, kam er Gabriele Münter, obwohl neun Jahre jünger als sie, manchmal großväterlich vor. Doch sie fasste Vertrauen zu ihm, und auch ihr Humor kehrte zurück. Es wurde höchste Zeit, dass ein neuer Abschnitt in ihrem Leben begann, und wie konnte er besser beginnen als mit einer Reise nach Paris.

Im Oktober 1929, das Berliner Grundstück war verkauft und sie finanziell wieder in gewohnter Weise unabhängig, tauchte sie in das bunte Pariser Leben ein, während in Deutschland, durch die Weltwirtschaftskrise forciert, langsam schon wieder die Lichter ausgingen.

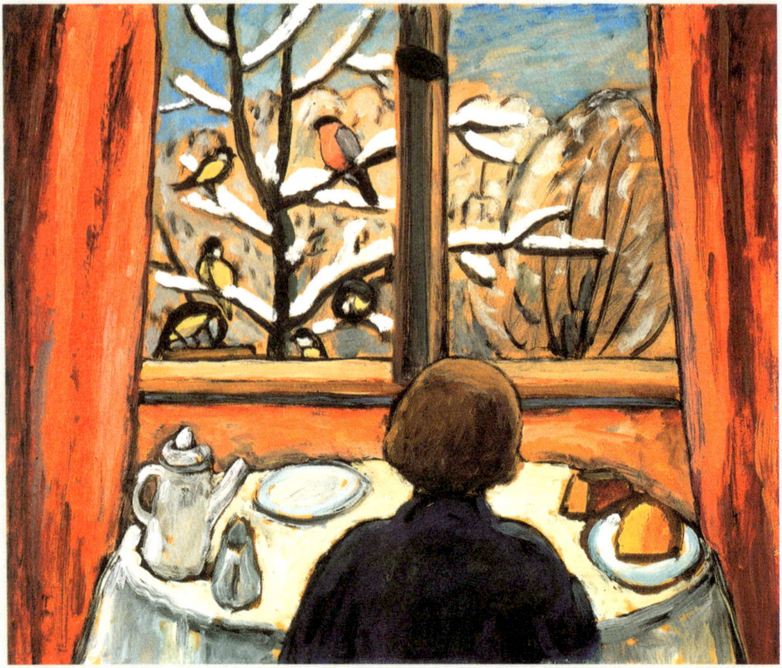

Abb. 33: *Frühstück der Vögel*, 1934

Frühstück der Vögel

ZURÜCK IN MURNAU

Paris hatte Gabriele Münter neue Kraft gegeben. Wie schon in Stockholm und Kopenhagen wurde sie auch hier als Vorkämpferin der Moderne willkommen geheißen. Geradezu entfesselt malte sie über Monate im Durchschnitt mehr als zwei Bilder pro Woche, füllte ihre Skizzenbücher mit Studien, pflegte ihren minimalistischen Zeichenstil, schrieb täglich an Eichner, traf alte und neue Freunde, besuchte Künstlerateliers und Galerien.

Als Eichner im Juni 1930 zu ihr stieß, um mit ihr über Südfrankreich zurückzureisen, waren bereits über 70 Gemälde entstanden, stilistisch weit entfernt von ihren Berliner neusachlichen Exkursen, vielmehr dort anknüpfend, wo sie in den Murnauer Vorkriegszeiten aufgehört hatte. Expressiv zupackend, in den Ausschnitten sperrig fragmentiert, gelegentlich an Max Beckmann gemahnend.

Jetzt konnte sie mit neuem Elan auch die Vergangenheit des Russenhauses bezwingen, zumal sie nicht allein zurückkehrte. Johannes Eichner war an ihrer Seite, als Ansprechpartner, Finanzberater, Kritiker. Auch wenn ihr seine Einmischung in ihre Kunst gelegentlich auf die Nerven ging, konnte sie doch auf ihn zählen. Er war praktisch in jeder Hinsicht das Gegenteil von Kandinsky, nicht der Charmeur, sondern eher der Buchhalter, nicht der Utopist, sondern eher der Analytiker, nicht der Mann, nach dem sie sich verzehrte, sondern eher die Vernunftlösung. Was sie gelegentlich an die Zeit mit Kandinsky erinnern mochte: Auch Eichner war nicht immer da, wenn man ihn brauchte. Er weilte dann zwar nicht in Moskau, wollte aber auf das großstädtische Leben in Berlin doch nicht völlig verzichten. Und dennoch reifte in ihrer Beziehung eine liebevolle Dimension, eine zärtliche Aufmerksamkeit, die sich über die Jahre vertiefte. Zugleich entwickelte er eine Eifersucht, die auf zweierlei Art zutage trat. Zum einen im Versuch, Münter zu zügeln und sie gegen die Welt – auch gegen die Familie – abzuschotten, was zu einem Zerwürfnis mit ihrer Schwester Emmy und deren Mann Georg Schroeter führte, zum anderen in seiner Geringschätzung des Expressionismus. Warum konnte Münter sich nicht einfach der Natur mit allen ihren Zwischentönen widmen und so einen naturalistischen Augenschmaus bereiten? Sollte Kunst nicht grundsätzlich ihren dienenden Platz im Leben einnehmen, anstatt als revolutionär aufzutreten? Eichner schien der Absolutheitsanspruch, wie ihn auch der *Blaue Reiter* formuliert hatte – und der ja bereits August Macke aufgestoßen war –, anmaßend. Künstler, die die Welt erklären wollten, Künstler, die ihre Weltsicht als Religionsersatz proklamierten, Künstler, die sich für Philosophen hielten, sie waren Johannes Eichner von Grund auf suspekt.

Akkurat verwaltete er Münters Finanzen, befragte sie in seiner Rolle als Kunsthistoriker und entwarf ein Bild ihrer Kunst, das das Unmanierierte und Gradlinige, Volkstümliche und Deutsche in den Vordergrund stellte. Eine Sichtweise, die sich mit der politischen Stimmung in Deutschland besser vereinbaren ließ, schließlich musste man bei der Direktwahl des Reichspräsidenten 1932 schon froh sein, dass der rechtsnationale Paul von Hindenburg erneut eine Mehrheit bekam und nicht Hitler neues Staatsoberhaupt wurde.

Bei ihrer Rückkehr nach Murnau war Münter eine illustre Gestalt nicht entgangen, die sie neugierig machte. Seit 1923 lebte Ödön von Horváth zeitweilig im Murnauer Haus seiner Eltern, konnte währenddessen als Autor mehr und mehr Fuß fassen und als Krönung seiner noch jungen Karriere 1931 den Kleist-Preis entgegennehmen. Am Deutschen Theater in Berlin feierten kurz darauf seine *Geschichten aus dem*

Wienerwald Premiere. Als Münter ihn traf und zweimal porträtierte – eines der beiden lange verschollenen Bilder tauchte 2008 als Rückseite einer Landschaft wieder auf –, war er auf dem Gipfel seines Ruhms, bevor auch ihm der heraufziehende Nationalsozialismus das Publikum entzog.

Das Unheil hatte sich schon lange angekündigt und Murnau, im Windschatten der Hauptstadt der Bewegung, war bei den Machenschaften der NSDAP stets mit von der Partie. Bereits während des Hitler-Ludendorff-Putschs 1923 taten sich drei prominente Murnauer besonders hervor, die bald mit Stolz ihren Blutorden tragen sollten: Der Wirtschaftstheoretiker und in der Wolle gefärbte Antisemit Gottfried Feder, seit 1920 in Murnau, diente sich der Partei als Programmatiker an; Otto Engelbrecht, gebürtiger Murnauer, profilierte sich als Ortsgruppenleiter der NSDAP, wurde 1933 Vorsitzender des Murnauer Kulturvereins sowie ehrenamtlicher Bürgermeister und ab 1938 Reichstagsabgeordneter; der Zoologe, Experte für Schädlingsbekämpfung und Mundartdichter Max Dingler – nach ihm war von 1980 bis 2011 die Murnauer Hauptschule benannt – gründete die NSDAP-Ortsgruppe und 1932 die Kulturgemeinde Murnau.

Die Rechtsnationalen waren traditionell stark, und bei den Reichstagswahlen im März 1933 wählte mehr als jeder zweite Murnauer die NSDAP, ein Ergebnis, das gut zehn Prozent über dem deutschen Durchschnitt lag. Es konnte also nicht davon die Rede sein, dass Murnau der ideale Ort für eine innere Emigration gewesen wäre oder gar das unschuldige Alpendorf fernab des politischen Geschehens.

Dennoch ließ man Gabriele Münter, deren Arbeitswille ungebrochen war, in Ruhe. Sie stand auf keiner Liste verfemter Künstler, auch wenn das Unverständnis gegenüber ihrer Kunst – wie anlässlich der Tournee der Ausstellung *Gabriele Münter. Aus 25 Schaffensjahren* – zusehends offen artikuliert wurde. Im Jenaer Kunstverein kam es 1934 auf Veranlassung des neuen »Reichskartells der bildenden Künste« zur Diskussion darüber, ob die Kunst der internationalen Dekadenz und des Kulturbolschewismus nicht verboten werden sollte, und auch im Lindenau-Museum in Altenburg bemühte sich Johannes Eichner vergeblich, dem Publikum Münters Werke näherzubringen. Da half es auch wenig, dass sie 1933 in die Reichskammer der bildenden Künste eintrat, Voraussetzung für eine weitere Ausstellungstätigkeit und selbstverständlich nur Künstlern mit »Ariernachweis« möglich.

Was ihr blieb, war Rückzug, erneute Isolation in Murnau. Ihr *Frühstück der Vögel* von 1934 zeigt sie von hinten am Tisch, Milch- und Kaffeekanne stehen bereit, es ist noch für andere gedeckt, doch sie bleibt allein mit Blick in den Winter vor dem Fenster, ein Vogel unter Vögeln.

Johannes Eichner hatte ihre in Berlin verstreuten Kisten gesichtet und nach Murnau geschickt, sie richtete sich auf eine lange Zeit der Kälte ein. Von überall hörte sie die Nachrichten über Schikanen und Flucht. Das Bauhaus wurde zerschlagen, Kandinsky und Klee gingen ins Ausland, auch Campendonk und Beckmann verloren ihre Professuren und selbst Münters Nachbar Ödön von Horváth war geflüchtet, nachdem die SA das Haus seiner Eltern durchwühlt hatte. Herwarth Walden hatte sich bereits 1932 nach Moskau abgesetzt, Heinrich Thannhauser hatte versucht, in die Schweiz zu fliehen, und war an der Grenze an einem Schlaganfall gestorben, der Kollege Moissey Kogan würde 1943 im KZ umkommen. Da war es eine realistische Einschätzung, wenn Münter im Februar 1935 an Eichner schrieb: »Gemessen an anderen geht es uns doch wahrhaftig blendend!«[113]

Dabei fühlte sie sich allein und vergessen und hoffte, durch einen Verkauf ihres Hauses genug Geld für eine Wohnung in München zu bekommen. Von München erwartete sie sich, wieder Kontakt zur Kunstszene zu gewinnen und der Einsamkeit zu entrinnen. Sie war ein gebranntes Kind und deutete die langen Abwesenheiten Eichners als

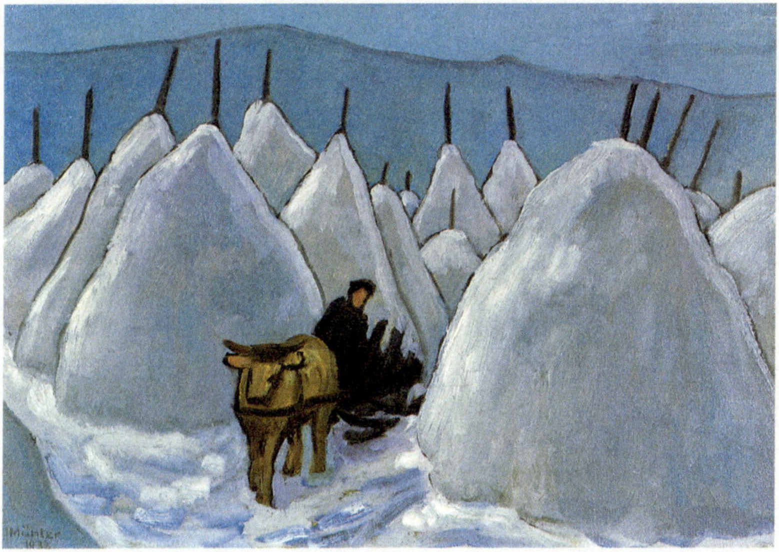

Abb. 34: *Winter im Murnauer Moos*, 1932

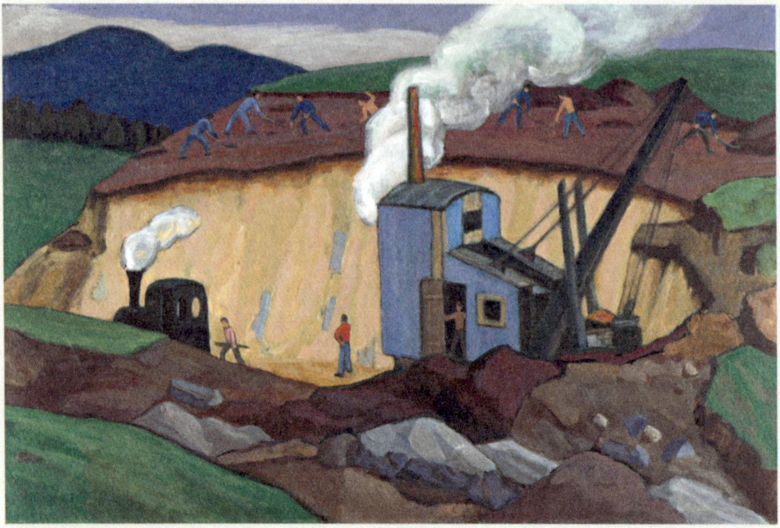

Abb. 35: *Der blaue Bagger – Baustelle an der Olympiastraße*, 1935

Fluchtimpulse. Er wäre nicht der erste Mann, der, unfähig zu offenen Worten und zu einer entschlossenen Trennung, auf räumliche Distanz ging. Also fand Münter selbst klare Worte. »Wenn Sie sich zurückziehen wollen, so vertun Sie mir nicht die kostbare Zeit«, schrieb sie ihm 1936 nach Berlin. »Das Haus will ich jetzt verkaufen. Wenn Sie mir nicht mehr zur Seite stehen wollen, werde ich nicht mehr zögern, denn alleine bleibe ich draußen ganz bestimmt nicht. [...] Wenn Sie in Berlin bleiben wollen, sagen Sie es klar [...]. Ich versuche nicht, Sie umzustimmen. Sie müssen wissen, was Sie tun.«[114]

Eichner reagierte umgehend und kaufte Münters Haus, das einer dringenden Modernisierung bedurfte, für die ihr das Geld fehlte. Mit grundlegenden Umbauten, der Einrichtung einer separaten Wohnung für sich und eines großzügigen Ateliers für Münter, setzte er klare Zeichen. Spätestens damit war ihr Beziehungsarrangement endgültig und sollte bis zu seinem Tod 1958 fortbestehen.

Die von Adolf Erbslöh angeregte und für 1934 geplante Retrospektive anlässlich des 25-jährigen Jubiläums der Neuen Münchener Künstlervereinigung kam nicht mehr zustande.

In diesem Jahr entstanden Münters letzte Druckgrafiken, ein Neujahrsgruß zum Jahr 1935 und der Holzschnitt *Schlaf*, der mit wenigen groben Strichen einen weiblichen Oberkörper zeigt, zum Ausruhen horizontal gebettet. So mag sich Gabriele Münter gefühlt haben, vor dem von der Politik aufgezwungenen Winterschlaf und zugleich erschöpft mit dem Wunsch nach Ruhe.

Ausstellungen mit Kunst der Moderne wurden von offizieller oder halboffizieller Seite immer mehr Hindernisse in den Weg gelegt und sie gefährdeten zusehends die Künstler, die sich via Kunst als Regimegegner verdächtig machten, dafür blühte eine neue Propaganda-Kultur im Sinne der Gleichschaltung des gescheiterten Malers Hitler. 1936 nahm Münter auf Anraten Eichners mit einem Bild an der großange-

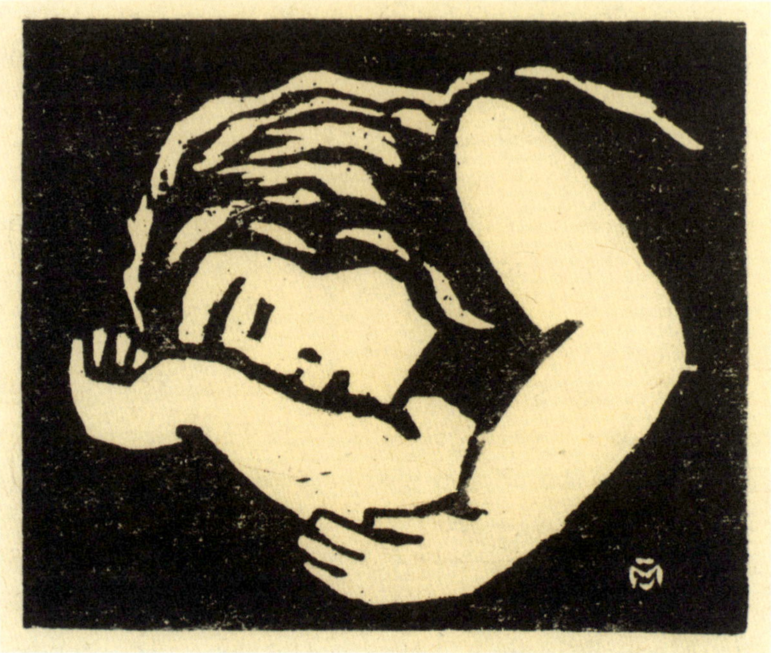

Abb. 36: *Schlaf*, 1934

legten Verkaufs-Ausstellung *Die Straßen Adolf Hitlers in der Kunst* teil, die auf Tournee ging. Ihr Bild *Der blaue Bagger – Baustelle an der Olympiastraße*, das 1935 in Murnau entstanden war, zeigt die Arbeiten am neuen Zubringer von Starnberg über Weilheim und Murnau nach Garmisch-Partenkirchen zur Winterolympiade 1936. Zehn Strichmännchen sind bei der Arbeit, Dampf steigt auf, und die Maschine bahnt sich zielstrebig ihren Weg durch den Berg. Dass an die Stelle des Blauen Reiters nun der blaue Bagger getreten ist, entspricht Münter'schem Humor.

Zu ihrem 60. Geburtstag gelang es tatsächlich, im März 1937 in den Räumen des Münchner Kunstvereins eine Ausstellung auf die Beine zu stellen – ein Indiz dafür, dass Münter nicht zur ersten Reihe der Feindbilder gehörte. Bestenfalls als »Mitläuferin« der verhassten Moderne betrachtet, ließen sich, flankiert durch das passende Vokabular, ihre Bilder noch ausstellen. Nachdem die letzten Museen 1937 von »entarteter Kunst« gesäubert worden waren, blieben nur noch private Initiativen, Sammler und Galeristen, die sich weiterhin engagierten, wie der Stuttgarter Fritz C. Valentien, der in seiner 1930 gegründeten Galerie beharrlich mit Werken Klees, Schieles oder Mackes handelte und Künstler wie Oskar Schlemmer oder Ida Kerkovius zeigte. Er übernahm die Ausstellung Münters, und sie bezog bis zu deren Ende Quartier in Stuttgart, um noch einmal die wohltuenden Kulturkontakte auszukosten. Damit endete ihre Ausstellungstätigkeit während der Zeit des Nationalsozialismus.

In München war 1931 der Glaspalast niedergebrannt. Fast 2800 Kunstwerke wurden dabei zerstört, und dieser zu Recht als nationale Tragödie empfundene Verlust war noch allgegenwärtig, als 1937 nach vierjähriger Bauzeit das Haus der Deutschen Kunst eröffnet wurde. Die Ausstellungshalle im Englischen Garten verstand sich als der neue Glaspalast, der nun auch die neue Kunst des »Dritten Reichs« in dem für

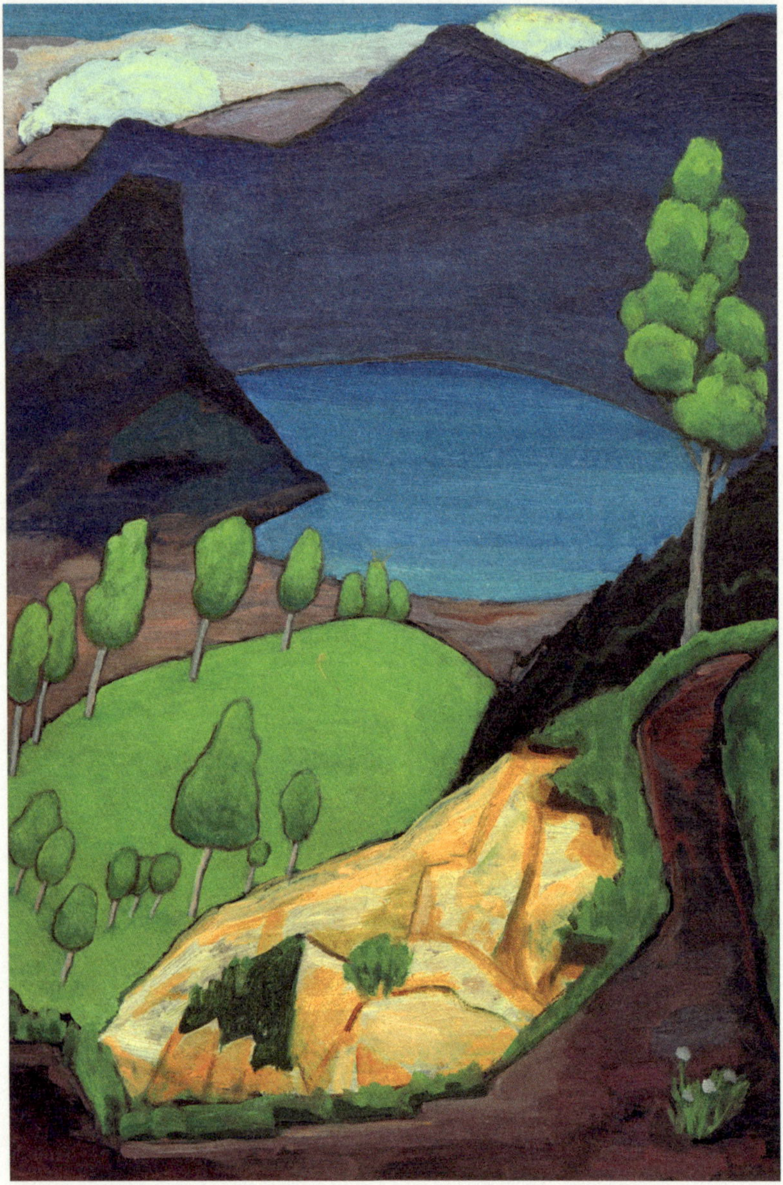

Abb. 37: *Drei Kreise*, 1936

sie notwendigen imposanten Rahmen und unter dem Geleitwort des Führers »Die Kunst ist eine zum Fanatismus verpflichtende Mission« präsentieren würde.

Bei der Eröffnung am 18. Juli 1937 sprach Adolf Hitler von der »Wende« hin zu einer wahren neuen deutschen Kultur, die die »primitiven internationalen Kritzeleien« hinter sich lasse und die »Cliquen von Schwätzern, Dilettanten und Kunstbetrügern« endgültig beseitige. Am folgenden Tag eröffnete die Ausstellung *Entartete »Kunst«* im Münchener Hofgarten, in der hastig in Museen beschlagnahmte Werke der Moderne der Jahre nach 1910 zusammengepfercht worden waren. War die *Große Deutsche Kunstausstellung* schon ein Publikumserfolg, so stellte ihre Gegenausstellung der Verfemten mit insgesamt zwei Millionen Besuchern alles andere in den Schatten.

Gabriele Münter war weder hier noch dort vertreten. Sie taugte nicht für die Sparte Blut, Boden und Biederkeit, und da kein deutsches Museum je ein Bild von ihr angekauft hatte, gab es andererseits auch nichts zu beschlagnahmen, was man bei den »Entarteten« hätte zeigen können. Während sie dort Werke Kandinskys (unter der Überschrift »Verrückt um jeden Preis«), Jawlenskys und Mackes sehen musste, manifestierten die Exponate in der neuen nationalen Ruhmeshalle im Englischen Garten bereits das Resultat des »unerbittlichen Säuberungskriegs« im Namen Hitlers.

»Die Möglichkeiten der deutschen Kunst sind weit«, hieß es im Vorwort des Katalogs, doch eine Wiederbesinnung auf die Grundlagen sei unvermeidlich: »Die Mittel räumlicher und körperlicher Darstellung hat sich die deutsche Kunst im Rahmen der europäischen Entwicklung erarbeitet, und eine Befreiung von der Beherrschung dieser Mittel gibt es für keinen Künstler, sowenig es eine Befreiung von der Beherrschung der Sprache für den Schriftsteller und Dichter gibt.«[115]

Aus 15 000 Einreichungen »deutschstämmiger Künstler« waren

884 Werke ausgesucht worden, darunter 40 von Frauen, überwiegend aus den Genres Porträt, Tier- und Landschaftsdarstellung. Der Frauenanteil war bescheiden – wenn auch im Vergleich mit Ausstellungen der Vergangenheit nicht eklatant niedrig –, und das Allegorische und Heroische blieb durchweg den Männern vorbehalten. So war es nur folgerichtig, dass es auch keine Frau in den Abbildungsteil des Katalogs schaffte.[116]

Neben einem ermüdenden völkischen Naturalismus, der das behauptete weite Spektrum der neuen deutschen Kunst Lügen strafte, finden sich nur sehr vereinzelt unerwartete Positionen wie die Maler aus Worpswede Fritz Mackensen (mit Katalogabbildung) und Otto Modersohn. Anderen, wie Christian Schad oder Georg Kolbe, fiel es leichter, sich zumindest stilistisch auf Linie zu bringen.

Unter den Abbildungen des Katalogs findet sich auch Angelo Janks Ölgemälde »Auffahrende Batterie«. Während Münters einstiger Lehrer und Experte für Reiterei-Szenarien im Haus der deutschen Kunst glänzte, prangten Franz Marcs *Blaue Pferde* als eines der Hauptwerke in der Ausstellung *Entartete »Kunst«* – bis sie nach Protest des Deutschen Offizier Bundes, der die Interessen der Soldaten des Ersten Weltkriegs vertrat und die Schmähung eines Helden von Verdun nicht hinnehmen wollte, wieder abgehängt wurden.

Man kann es als Kapitulation verstehen, dass Gabriele Münter angesichts der politischen Lage so viele Blumenbilder malte wie nie zuvor. Genau betrachtet waren es sogar ihre ersten Bilder, die ausschließlich Blumen zeigten. Sie entstanden, weil sie noch am besten verkäuflich waren, während sich ihre übrigen Leinwände stapelten. Man kann darin jedoch andererseits, wie Karoline Hille, der Tradition der Niederländer folgend, einen »ganz eigenständigen, anspruchsvollen Werkkomplex« erkennen, der »von ihrer existentiellen Verfassung erzählt«, die in einem vielsagenden Titel wie *Blumen in der Nacht* zum Ausdruck komme.[117]

Auch andere Titel sind mehrdeutig. So die Berglandschaft, die sie nicht *Berglandschaft* genannt hat, sondern *Drei Kreise*. Ein subversiver Schalk verbirgt sich hier, der sowohl auf Kandinskys Geometrien anspielt als auch die Aversion gegen alles Moderne der NS-Kulturpolitik ironisiert: Seht her, eine Alpenlandschaft, doch selbst in diesem Bild steckt die Abstraktion, ihr habt es nur noch nicht bemerkt.

Johannes Eichner erwies sich einmal mehr als vorausschauender Stratege, als er noch vor Kriegsbeginn das Münchener Gemäldedepot auflöste und die Kisten mit Werken Münters und Kandinskys in einem versteckten Kellerraum ihres Murnauer Hauses einlagerte. Zwischen 1940 und 1944 flogen Franzosen, Briten und Amerikaner 74 Luftangriffe auf München, bei denen mehrere tausend Menschen ums Leben kamen und die Hälfte der Bausubstanz zerstört wurde. Selbst von Murnau aus war in der Nacht die brennende Stadt zu erkennen.

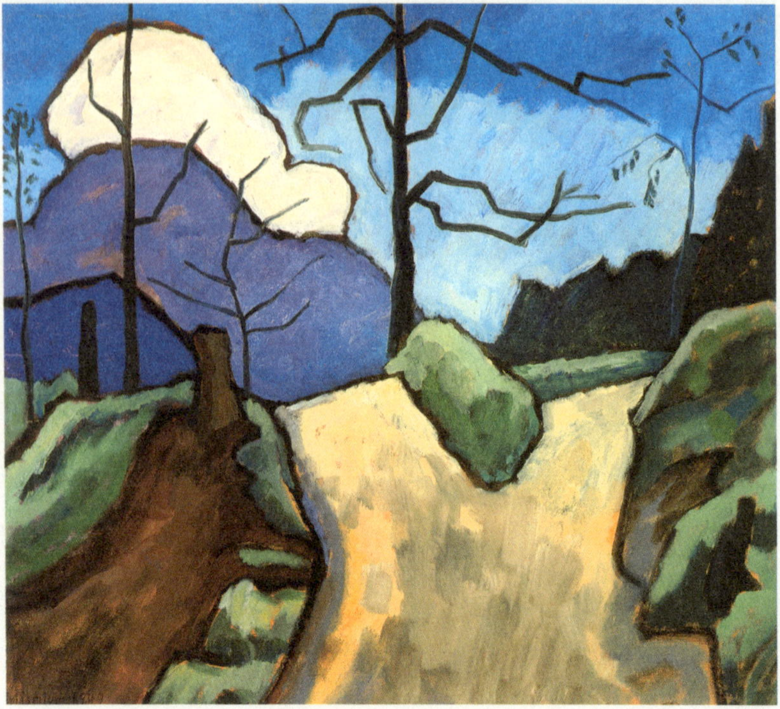

Abb. 38: *Kahl*, 1949

Zeitzeugin, Stifterin und ein Platz in der Kunstgeschichte

DIE NACHKRIEGSJAHRE

Das Haus der Deutschen Kunst war nicht zerstört worden, so dass sich nach dem Krieg die Frage stellte, was mit dem Bauwerk, das so deutliches Zeugnis nationalsozialistischen Geschmacks war und bis 1944 die jährlichen Verkaufsausstellungen systemkompatibler Kunst beherbergt hatte, geschehen solle. Um den bösen deutschen Geist auszutreiben, wurde 1947 französische Malerei vom Impressionismus bis zur Gegenwart gezeigt und bereits im Jahr darauf *Der Blaue Reiter*, eine Präsentation mit dem Untertitel *München und die Kunst des 20. Jahrhunderts*: Was für eine Verdrängungsleistung, 1949 in München eine Ausstellung über die Kunst des Jahrhunderts zu zeigen und dabei die Jahre ab 1933 vollkommen auszublenden.

Zugleich wurde innerhalb der Show eine Neugewichtung der beteiligten Künstler vorgenommen, die lange nachwirken sollte. Gabriele Münter war nur noch eine Randfigur, eine, die sich (wie auch Werefkin) in ihrer Kunst »keine Probleme« gestellt habe, deren Kunst »einfach und naturhaft« sei.[118] In völliger Verkennung ihrer Herangehensweise hieß es, sie sei »unbekümmert um Prinzipien, Komposition und Zeichnung«.[119] Das klingt nach einer Rollenverteilung im Stil des 19. Jahrhunderts, das klingt wie eine gezähmte Version von Wilhelm Lübkes Vorstellungen über Frauen in der Kunst aus dem Jahr 1862: »Die Natur der Sache weist den Frauen die kleineren Zweige der Malerei zu, beschränkt sie auf ein Stoffgebiet, in welchem es sich nicht um Darlegung eines gedankenvollen Inhalts, sondern um natürliche Schilderung des Gegenständlichen handelt.«[120]

Diese Kuvertüre, die gleichermaßen über Münter und Werefkin ausgegossen wurde und den Frauen jede intellektuelle Reflexion absprach, verdankte sie nicht zuletzt Johannes Eichner, dem Philosophen, der sie zum einen mit dem Mantel der Naivität, den er ihr umhängte, vor der Verfolgung durch die Nazis hatte schützen wollen, zum andern aber auch nie einen wirklichen Zugang zu ihrem Werk fand. Dass er an ihre unverbildete Natur, ihre Reinheit und Lebensbejahung aber tatsächlich glaubte, zeigen auch seine späteren Einschätzungen.

Bereits in der Einleitung zu seinem Werk *Kandinsky und Münter. Von Ursprüngen moderner Kunst* entschuldigte er seine Kühnheit, zwei Künstler, die »nach Anlage, Entwicklung, Leistung, Wirkung und Geltung« so verschieden seien, überhaupt in einem Atemzug zu nennen. Münter bescheinigt er als autarke Quelle ihrer Kunst eine »Ursprünglichkeit in ihrem Wesen, das aus sich selbst lebt und wirkt, unzugänglich für die Vorurteile der Überlieferung, für Konventionen und angelernte Geltungen, zugewandt den Grundzügen des Menschlichen, dem Einfachen«.[121] Das ist zutreffend und zugleich auch nicht, das ist Würdigung und zugleich auch Reduktion. Wer wusste, wie aufgeschlossen sie neuen Einflüssen gegenüber stand, wie klar, höflich und wenn nötig dezidiert sie ihre Ansichten formulieren konnte und wie sehr sie mit den Bildfindungen rang, der konnte unmittelbar erkennen, dass in ihr mehr steckte als das Naturtalent, auch wenn sie selbst 1948 anmerkte: »Ich male immer noch so, wie mir der Pinsel gewachsen ist.«[122]

In der Münchner Ausstellung des Blauen Reiters hingen 1949 ganze neun Bilder von ihr, gegenüber 51 Werken von Macke, 49 von Klee, 48 von Marc, 41 von Kandinsky, 16 von Jawlensky, acht von Erbslöh, sieben von Werefkin und immerhin 22 von Kubin, dem anderen Überlebenden. Nina Kandinsky hatte als Generalerbin ihres Mannes und selbstberufene Bevollmächtigte in Sachen Blauer Reiter ihren großen Auftritt, wurde hofiert und führte im desolaten München die Pariser

Eleganz vor. Gabriele Münter war die bescheidene alte Dame, die sich unters Besuchervolk mischte. Sie wurde von der Akteurin zur Zeugin, zur Zeitzeugin degradiert. Das empfand sie auch selbst nicht anders: »Meine Sache ist das Sehen, das Malen und Zeichnen, nicht das Reden. Doch immer wieder verlangt man, ich solle etwas von mir und meinen Arbeiten berichten und von den frühen Zeiten erzählen, als ich mitten im Werden der modernen Kunst stand.«[123]

Doch selbst diese Zeitzeugenschaft besaß nur noch relativen Wert. Münter war zwar dabei gewesen, als Kandinsky in Paris malte, sie war dabei gewesen, als er seine ersten Schritte in die Abstraktion tat, als der Blaue Reiter gegründet wurde, der Erste Weltkrieg ausbrach, als er fliehen musste. Und doch beanspruchte jetzt Nina Kandinsky die Deutungshoheit über das Geschehen, das sie nur aus Erzählungen Kandinskys kannte. Diese Deutungshoheit wurde ihr zugestanden, weil sie einigermaßen unwidersprochen die weltweiten Bildrechte an allen Abbildungen in allen Sammlungen, auch der Münter-Sammlung, für sich reklamierte. »Künstlerwitwen sind umworben, geliebt, begehrt, gehaßt, umschmeichelt und geplagt. Es wird ihnen nachgesagt, sie seien schwierig, eitel, arrogant, launisch, unumgänglich, eifersüchtig, herrschsüchtig, geldgierig und egozentrisch«, schrieb sie und gab sich verblüfft: »Wie derartige Klischees zustande kommen, weiß ich nicht.«[124]

Bei der Eröffnung der Münchener Ausstellung, so berichtete Nina Kandinsky, hätten Münter und sie nebeneinandergesessen. »Wenn Sie nach Paris kommen, würde ich mich freuen, Sie bei mir begrüßen zu können«, erinnerte sich die Künstlerwitwe der ehemaligen Lebensgefährtin ihres Mannes gegenüber konziliant geäußert zu haben. »Es wäre für Sie doch sicher interessant, Kandinskys Bilder aus der Pariser Epoche zu sehen.«

Münter aber wandte sich nur brüsk zu ihr und erwiderte: »Ich reise nie.« Mehr gab es nicht zu sagen.

Als Gabriele Münter anlässlich ihres 80. Geburtstags 1957 der Stadt München die Werke Kandinskys aus ihrem Besitz schenkte, war dem im Jahr zuvor die Verleihung des Münchener Kulturpreises vorausgegangen. Inzwischen hatte man Wind davon bekommen, dass sie in ihrem Keller Kisten mit Kunst stehen hatte, die diesen Keller zum »Millionen-Keller« machten, und man hatte begriffen, dass auch Münter eine Art Künstlerwitwe war, die es zu umschmeicheln galt. Der smarte Konservator der Bayerischen Staatsgemäldesammlungen und kommende Direktor des Lenbachhauses Hans Konrad Röthel wurde ein häufiger Gast in Murnau, und er ließ es sich nicht nehmen, die Schätze eigenhändig ans Licht zu befördern.[125]

Ihre noble Geste, die Werke zu schenken und nicht etwa an amerikanische Galeristen zu verkaufen, wurde zwar allgemein honoriert, Münters Bedeutung als Malerin verschwand jedoch hinter ihrer neuen Rolle als Stifterin. Die Erbin Nina Kandinsky betonte ausdrücklich ihre Großzügigkeit gegenüber Münter, denn was diese da dem Lenbachhaus übereignete, sei im Grunde ihr Eigentum. Aber, so schrieb sie in »Kandinsky und ich«[126], sie habe darauf verzichtet, juristisch gegen Münter vorzugehen, schließlich sei der Ort, an dem die Werke zukünftig ausgestellt wären, ein würdiger.[127] Das Beharren auf ihrem Copyright für sämtliche Werke Kandinskys, gleich wo auf der Welt sie sich befänden, bekam jedoch mancher zu spüren, besonders prominent Lothar-Günter Buchheim, der 1959 ein Buch über den Blauen Reiter publizierte. Nina Kandinsky hatte zur Auflage für die Freigabe der Bildrechte gemacht, dass sie im Gegenzug den Text vorab kontrollieren dürfe. Buchheim stimmte zu, sandte das Manuskript jedoch laut der Künstlerwitwe erst so kurz vor Drucklegung, dass sie sich übergangen fühlte. »Der Autor hatte in bezug auf Kandinskys Privatleben eine Reihe von Unwahrheiten zitiert«, deutete sie etwas vage an.[128] Die Vermutung, es habe sie gestört, dass Gabriele Münter in ihren Augen zu positiv dargestellt und ihr Verhältnis zu Kandinsky zu sehr betont wurde, ist nicht von der Hand zu weisen. Die Geschichte sollte geglättet, der Heroenkult um den »Erfinder der Abstraktion« nicht gestört werden.

Im Vorwort zu Buchheims Buch schrieb Röthel vom Ethos, vom Enthusiasmus des Blauen Reiters, von der »Geburtsstunde der modernen Malerei«, ohne näher auszuführen, was damit gemeint sein könnte. Aber er trat auch der Verklärung entgegen, die spätestens mit der Ausstellung im Haus der Kunst 1949 eingesetzt hatte. »Wie so häufig bei großen geschichtlichen Ereignissen ist die Fama drauf und dran, das Eigentliche zu übertönen. Dazu kommt die blinde Liebe der Eiferer. Sie schickt sich an, lebensvolle Wahrheiten in Weihrauch zu ersticken. Der ›Blaue Reiter‹ schickt sich an, zu einem leeren Klang zu werden.«[129]

Für Gabriele Münter brachten die 1950er Jahre zum einen ihre Wiederentdeckung, zum anderen eine Platzierung in der Kunstgeschichte, die sie als Randfigur des Blauen Reiters positionierte. Für Buchheim war sie die kühne Künstlerin, die mit sorglos-beherztem Zugriff die Konventionen hinter sich ließ und mit Spontaneität eine Befreiung erreichte, um die der reflektierte Kandinsky seinerseits lange ringen musste. Das klingt weitgehend positiv, doch unterschwellig verbirgt sich auch hier die Charakterisierung als bodenständige Naive. »Das Unmethodische der weiblichen Natur wurde für sie zum Gewinn: Sie malte instinktmäßig ohne stilistische Zielsetzung ›drauflos‹.« In diesem knappen Satz verdichtet der Autor sowohl gängige Vorstellungen von Weiblichkeit in der Kunst als auch konkret – und ebenso falsch – die Herangehensweise Gabriele Münters.[130] Gepaart mit dieser femininen Note sei allerdings, so Buchheim, auch ein sehr maskuliner Zug: »Mit geradezu männlicher Entschiedenheit unterdrückte sie alles die bildnerische Einheit störende Kleingefüge des Motivs und gewann mit rigorosen Vereinfachungen klar gebaute Landschaftsgefüge, in denen

Wolkenbänke und Wasserlachen den gleichen substantiellen Wert haben wie Heustadel und Waldhänge.«[131] Das Emotionale und Unbedarfte, das Kleinteilige und Detailverliebte sind feminin (wie wir spätestens seit gleichlautenden Äußerungen Michelangelo Buonarrotis wissen), das Reflektierte und die große Geste sind maskulin. Daran hatte sich in der Kunstgeschichtsschreibung bis in die zweite Hälfte des 20. Jahrhunderts wenig geändert.

Das Jahr 1949, Gabriele Münter war 72 Jahre alt, hatte ihr den ersten Ankauf eines Gemäldes durch ein staatliches Museum gebracht. Die Hamburger Kunsthalle unter Direktor Carl Georg Heise erstand ihr Bild *Blumen in der Nacht*. Auch aufgrund dieser späten Würdigung ist es ausgesprochen passend, dass der 1994 ins Leben gerufene Gabriele-Münter-Preis europaweit der einzige renommierte Kunstpreis ist, der ausschließlich an Künstlerinnen jenseits der 40 verliehen wird.

Mit Genugtuung und Stolz konnte Münter erleben, wie in den folgenden Jahren eine Reihe von Ausstellungen ihren Namen in Erinnerung riefen. Ab 1950 zeigte eine von Johannes Eichner kuratierte Wanderausstellung mit 22 Stationen – beginnend im Braunschweiger Kunstverein und endend in ihrer alten Heimat Herford – 60 ihrer Gemälde. Im gleichen Jahr war sie mit drei Werken auf der Biennale in Venedig vertreten, was sie und Eichner veranlasste, eine gemeinsame Reise in die Lagunenstadt zu unternehmen. Die Kestner-Gesellschaft Hannover präsentierte im Oktober 1951 eine Doppelausstellung mit Paula Modersohn-Becker und 1952, zu ihrem 75. Geburtstag, erschien eine schmale Publikation mit »Menschenbildern in Zeichnungen«, eine Auswahl ihrer reduzierten, linearen Skizzen, herausgegeben von Gustav Friedrich Hartlaub.

Die erste documenta in Kassel versammelte insgesamt 147 Künstler, darunter sieben Frauen, und unter diesen sieben Frauen auch Gabriele Münter mit zwei Gemälden aus den Aufbruchsjahren 1908 bis 1910.

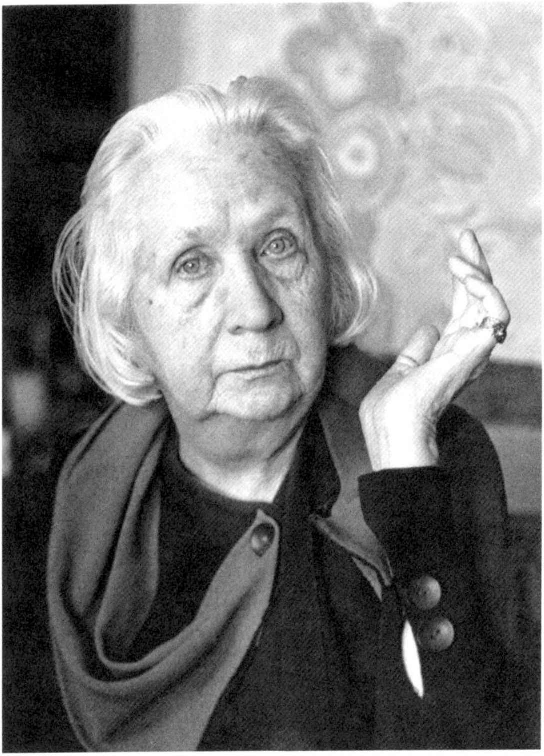

Abb. 39: Gabriele Münter, 1957

Neben Kandinsky, Campendonk, Marc, Macke und Klee stand sie als Beleg für eine deutsche Avantgarde und europäische Künstlergemeinschaft, als Beweis für eine Kultur vor der »brüsken Unterbrechung der Entwicklung durch die gewaltsame Erstickung des wahren Schaffens um 1933«, wie es der Galerist Eberhard Kornfeld anlässlich einer Ausstellung über Künstlergruppen der Avantgarde 1956 formulieren sollte.[132]

Zu ihrem 80. Geburtstag fand im Lenbachhaus eine Ausstellung unter dem Titel »Kandinsky und Gabriele Münter« mit Werken aus fünf Jahrzehnten statt, während parallel Johannes Eichners »Kandinsky und Gabriele Münter. Von den Ursprüngen moderner Kunst« erschien. Die Gewichtung der beiden Persönlichkeiten war längst festgeschrieben: 61 Werken Münters standen in der Ausstellung 177 Bilder Kandinskys gegenüber. Und wieder ging es in dieser Gegenüberstellung »der antipodischen Freunde« darum, »ein Grundmotiv der modernen Malerei überhaupt anzuschlagen: die Dialektik nämlich von Spiritualität und Naivität«.[133]

Münter hatte ihr Leben lang am Gegenständlichen festgehalten, Kandinsky hatte die Abstraktion mitbegründet. Das Gegenständliche aber, vor allem das Menschenbild, war nach dem »unmenschlichen Zeitgeschehen« (Hartlaub) zurückgedrängt. Die 1950er Jahre gehörten dem abstrakten Expressionismus. Kandinsky wurde als unmittelbare Quelle der Inspiration verstanden, während man Münter bereits historisch rezipierte. Mit dem wachsenden Ruhm Kandinskys blieb jedoch auch das Interesse an Gabriele Münter und ihrer gemeinsamen Aufbruchszeit lebendig.

Während ihre Bilder immer weiter in die Welt hinausgetragen wurden, verengte sich zugleich ihr persönlicher Radius zusehends.

Lassen sich ihre Blumenbilder während des Nationalsozialismus als Rückzug, vielleicht sogar als Ausdruck einer Kapitulation lesen, so waren solche Blumenbilder nun Ergebnis der Begleiterscheinungen des Alters. Sie nahm sich vor, was am nächsten lag. »Indessen male ich, schwerer beweglich geworden, die Blumen, die aus dem Garten in's Haus kommen, u. genieße den Blick vom Atelierfenster hinaus auf den malerisch aufgebauten Ort u. die Berge.«[134]

Für sie naheliegend waren auch ihre älteren Werke, die sie sich erneut vornahm und neu interpretierte. Immer schon hatte es diese Rückgriffe auf frühere Gemälde gegeben, so waren Zeichnungen nach Fotos, Holzschnitte nach Gemälden oder Gemälde nach Grafiken entstanden. Dazu auch malerische Varianten von Bildern, die sie vor Jahren geschaffenen hatte. Nun, im Alter, bot es sich an, noch einmal das eine oder andere Werk hervorzuholen, kritisch zu betrachten und neu zu fassen. Auch das ist als Akt der Intimität und Selbstreflexion zu verstehen.

Am 11. Februar 1958 starb überraschend Johannes Eichner. Bei einer Routineuntersuchung in der Klinik erlag er einem Hirnschlag. Die letzten fünf Jahre ihres Lebens war Gabriele Münter wieder allein. Gemalt hat sie weiterhin. Im Rückblick auf ihre Pariser Zeit notierte sie diese Haltung, die sie ihr ganzes Leben begleitet hat: »Nie saß ich bei den Debatten in Künstlercafés, studierte ich Zeitschriften und graste ich Ausstellungen ab, um zu erfahren, was aktuell sei.«[135]

Bis zuletzt blieb sie ihrer Überzeugung treu, dass, bei aller Inspiration von außen, das Bild aus einem selbst kommen muss, denn es gehe nicht darum, Motive zu malen, sondern Erlebnisse in Bilder zu fassen.

Am 19. Mai 1962 starb Gabriele Münter in Murnau. Fast 50 Jahre waren seit jener legendären Begegnung mit Else Lasker-Schüler vergangen, in der die Wesenszüge zweier so grundverschiedener Künstlerpersönlichkeiten eindrucksvoll zutage traten: dort die flamboyante, nebenbei auch malende Dichterin, die das Leben als ein Auf und Ab, vor allem aber als ein Taumeln um sich selbst, als ein »Wendeltreppendrama«, empfand, die dauerhaft im Zustand »freudiger Verzweiflung« oder »verzweifelter Freudigkeit«[136] schwebte und der es ein Bedürfnis schien, lauthals auf ihre Stärke und ihren Künstlerstatus zu pochen, hier die äußerlich unscheinbare Malerin, die fundiert über Kunst zu sprechen verstand, die ernsthafte Fragen stellte und Schmähungen stoisch ertrug. Auch sie war stark, auch sie war Künstlerin durch und durch, doch ihre Kraft war die Stille, und der dramatische Auftritt lag ihr nicht.

BIBLIOGRAFIE

Bilang, Karla: Kandinsky, Münter, Walden. Briefe und Schriften 1912-1914. Bern 2012.

Buchheim, Lothar Günter: Der Blaue Reiter und die Neue Künstlervereinigung München. Feldafing 1959.

Büttner, Frank: Die Akademie und das Renommee Münchens als Kunststadt. In: Zeitenblicke 5, 2006.

Czapek, Rudolf: Grundprobleme der Malerei. Ein Buch für Künstler und Lernende. Leipzig 1908.

Dreesbach, Anne: Gezähmte Wilde. Die Zurschaustellung »exotischer« Menschen in Deutschland 1870-1940. Frankfurt 2005.

Droste, Magdalena: Kandinsky. Lehrer am Bauhaus. Berlin 2014.

Eichhorn, Herbert: Gabriele Münter. Ostfildern 1999.

Eichner, Johannes: Kandinsky und Gabriele Münter. Von Ursprüngen moderner Kunst. München 1957.

Fineberg, Jonathan: Mit dem Auge des Kindes. Kinderzeichnung und moderne Kunst. Stuttgart 1995.

Friedel, Helmut (Hg.): Gabriele Münter. Das druckgraphische Werk. München 2000.

Friedel, Helmut (Hg.): Gabriele Münter. Die Reise nach Amerika. Photographien 1899–1900. München 2006.

Friedel, Helmut (Hg.): Gabriele Münter. Die Jahre mit Kandinsky. München 2007.

Green, Julien: Jugend. Frankfurt 1980.

Grote, Ludwig (Hg.): Der Blaue Reiter. München und die Kunst des 20. Jahrhunderts. München 1949.

Grote, Ludwig (Hg.): Der Blaue Reiter 1908-14. Wegbereiter und Zeitgenossen. Basel 1950.

Hahl-Fontaine, Jelena: Neues über den frühen Kandinsky. Fernemont 2012.

Hartlaub, Gustav Friedrich: Gabriele Münter. Menschenbilder in Zeichnungen. Berlin 1952.

Haug, Ute: ›Private Schlupfwinkel‹ in der Öffentlichkeit. In: Uwe Fleckner (Hg.): Das verfemte Meisterwerk. Schicksalswege moderner Kunst im Dritten Reich, Berlin 2009.

Herber, Anne-Kathrin: Frauen an deutschen Kunstakademien im 20. Jahrhundert. Dissertation Universität Heidelberg 2010.

Hille, Karoline: Gabriele Münter. Die Künstlerin mit der Zauberhand. Köln 2012.

Hoberg, Annegret/Helmut Friedel (Hg.): Gabriele Münter. Retrospektive. München 1992.

Hoberg, Annegret: Wassily Kandinsky und Gabriele Münter in Murnau und Kochel 1902-1914. München 1994.

Hoberg, Annegret: August Macke – Franz Marc. Der Krieg, ihre Schicksale, ihre Frauen. Köln 2015.

Hüneke, Andreas: Der Blaue Reiter. Eine Geschichte in Dokumenten. Stuttgart 2011.

Jacob, Mary Jane/Carol Schreiber: Naive & Outsider Painting from Germany and Paintings by Gabriele Münter. Chicago 1983.

Kandinsky, Nina: Kandinsky und ich. München 1976.

Kandinsky, Wassily: Über das Geistige in der Kunst. München 1912.

Kandinsky, Wassily/Franz Marc: Der Blaue Reiter. Schwarz-Weiß. München 1912.

Kleine, Gisela: Wassily Kandinsky und Gabriele Münter. Biographie eines Paares. Frankfurt 1990.

Kolberg, Gerhard: Die Expressionisten. Vom Aufbruch bis zur Verfemung. Ostfildern 1996.

Kornfeld, Eberhard: Künstlergruppe Brücke, der Blaue Reiter, Bauhaus. Bern 1956.

Lankheit, Klaus: Wassily Kandinsky – Franz Marc. Briefwechsel. Zürich 1983.

Mackert-Riedel, Barbara: Wassily Kandinsky über eigene Bilder. Zum Problem der Interpretation moderner Malerei. Weimar 2003.

Macke, Wolfgang (Hg.): August Macke / Franz Marc / Lisbeth Macke / Maria Marc: Briefwechsel. Köln 1964.

Muysers, Carola (Hg.): Die bildende Künstlerin. Wertung und Wandel in deutschen Quellentexten 1855-1945. Amsterdam 1999.

Obler, Bibiana: Intimate Collaborations. Kandinsky & Münter, Arp & Taeuber. New Haven/London 2014.

Otterbeck, Christoph: Europa verlassen. Künstlerreisen am Beginn des 20. Jahrhunderts. Köln 2007.

Pfeiffer, Ingrid (Hg.): Sturm-Frauen. Künstlerinnen der Avantgarde in Berlin 1910–1932. Köln 2015.

Rumpel, Heinrich (Hg.): Der Blaue Reiter und sein Kreis. Wien 1961.

Schaffer, Barbara (Hg.): 1912 – Mission Moderne. Die Jahrhundertschau des Sonderbundes, Köln 2012.

Scheffler, Karl: Die Frau und die Kunst. Berlin 1908.

Thumser, Gerd: Ludwig Ganghofer. Alpenkönig und Kinofreund. München 2005.

Uhrig, Sandra (Hg.): Gabriele Münter. Die Zeit nach Kandinsky in Murnau. Murnau 2012.

van Rijn, Maaike: Bedenke auch, dass Du eine Frau bist, was ausser Vor- auch Nachteile hat. In: Eichhorn, Herbert: Wege zu Gabriele Münter und Käthe Kollwitz. Holzschnitte von Künstlerinnen des Jugendstils und des Expressionismus. Petersberg 2013.

Voit, Antonia: Ab nach München! Künstlerinnen um 1900. München 2014.
Weininger, Otto: Geschlecht und Charakter. Ausgabe Wien/Leipzig 1926.
Zimmermann, Reinhard: Die Kunsttheorie von Wassily Kandinsky. Berlin 2002.
Zuschlag, Christoph: Entartete Kunst, Ausstellungsstrategien im Nazi-Deutschland. Worms 1995.

ANMERKUNGEN

1 Maria Marc schildert den Vorfall ausführlich in einem Brief an Lisbeth Macke vom 21. Januar 1913, Hüneke, S. 175 f.
2 Eichner, S. 26 f.
3 Gabriele Münter, zit. n. Annegret Hoberg, in: Friedel, 2006, S. 12 f.
4 Eichner, S. 27.
5 Ebd.
6 Münter zit. n. Voit, S. 162 f.
7 Zit. n. Kleine, S. 55.
8 Vgl. Hoberg, in: Friedel 2006, S. 17.
9 Ebd., S. 24.
10 Zit. n. Hille, S. 33.
11 Zit. n. Herber, S. 48.
12 Ovid, Metamorphosen, X, 24311.
13 Guhl, S. 4 f.
14 Scheffler 1908, zit. n. Herber, S. 53 f.
15 Weininger, S. 54, 56 und 59.
16 Zit. n. Hoberg, in: Friedel 2006, S. 23.
17 Thumser, S. 18.
18 Kleine, S. 100.
19 Voit, S. 162 ff.
20 Münter, zit. n. Hoberg, in Friedel 2007, S. 12.
21 Kandinsky, zit. n. Kleine, S. 157.
22 Kandinsky, zit. n. Hahl-Fontaine, S. 73.
23 Münter in: Hartlaub, unpaginiert.
24 Henry Murger (1822-1861) lieferte mit seinem Roman »Les scènes de la vie de bohème« die Vorlage für Puccinis Oper »La Bohème« von 1896.
25 Julien Green, S. 72.
26 Münter, zit. n. Hoberg, in: Friedel 2000, S. 9.
27 Zit. n. Muysers, S. 108 f.
28 Ebd., S. 105.
29 Ebd., S. 49.
30 Ebd., S. 98.
31 Vgl. Herber, S. 50.
32 Worringer, Ausgabe 1921, S. 1.
33 Ebd., S. 4.
34 Ebd., S. 18.
35 Ebd., S. 19.
36 Ebd., S. 23.
37 Ebd., S. 58.
38 Ebd., S. 177.
39 Ebd., S. 19.
40 Ebd., S. 16.
41 Ebd., S. 25.
42 Kandinsky 1936, zit. n. Zimmermann, S. 265.
43 Kandinsky 1976, S. 39.
44 Münter, zit. n. Hille, S. 68.
45 Vgl. Otterbeck, S. 323.
46 Münter, zit. n. Hoberg 1994, S. 45 f.
47 Dreesbach, S. 104.
48 Münter, zit. n. Hoberg 1994, S. 48.
49 10. September 1910, zit. n. Zuschlag, S. 29.
50 Münter, zit. n. Hoberg 1994, S. 65, 11. Oktober 1910.

51 Kandinsky, zit. n. Hoberg 1994, S. 66, 14. Oktober 1910.
52 Kandinsky, zit. n. Hoberg, S. 73, 26. Oktober 1910.
53 Kandinsky, zit. n. Hoberg, S. 73, 28. Oktober 1910.
54 Münter zit. n. Hoberg, S. 79, 30. Oktober 1910.
55 Münter, ebd.
56 Kandinsky, zit. n. Hoberg, S. 83, 8. November 1910.
57 Kandinsky 1976, S. 44.
58 Vgl. Johannes Eichner, zit. n. Hüneke, S. 38.
59 Zit. n. Hoberg 2015, S. 34.
60 Zit. n. Macke, S. 47, 14. Februar 1911.
61 Marc, zit. n. Macke, S. 19, 9. August 1910.
62 Zit. n. Macke, S. 31, 26. Dezember 1910.
63 Zit. n. Macke, S. 63-64, 3. August 1911.
64 Zit. n. Hünecke, S. 39.
65 Zit. n. Anette Hoberg in: Schaffer, S. 246.
66 Ebd., S. 73 f.
67 Kandinsky an Marc, zit. n. Hüneke, S. 71, 2. Februar 1912.
68 Marc, zit. n. Hüneke, S. 83.
69 Westheim in der *Frankfurter Zeitung*, zit. n. Haug, S. 516.
70 Maria Marc an Lisbeth Macke, zit. n. Macke, S. 90, 22. Dezember 1911.
71 Zit. n. Hüneke, 23. Januar 1912, S. 66.
72 Zit. n. Hüneke, S. 128.
73 Zit. n. Buchheim, S. 272.
74 Kandinsky in einem Brief an Marc, 8. Dezember 1911, zit. n. Hüneke, S. 115.
75 Kandinsky 1912, Kapitel VI (Formen- und Farbensprache).
76 Ebd., Kapitel VII (Theorie).
77 Ebd., Kapitel VIII (Kunstwerk und Künstler).
78 Ebd., Kapitel VI (Formen- und Farbensprache).
79 Ebd., Kapitel VIII (Kunstwerk und Künstler).
80 Ebd., Kapitel III (Geistige Wendung).
81 Münter, 26. Dezember 1911.
82 Zit. n. Hille, S. 104 f.
83 Ebd., S. 105.
84 Zit. n. Macke, S. 65.
85 Zit. n. Macke, 13. August 1911.
86 Zit. n. Macke, S. 70, 1. September 1911.
87 Ebd., S. 72, 8. September 1911.
88 Zit. n. Macke, S. 76, 9. November 1911.
89 Ebd., S. 110 f., 21. März 1912.
90 Ebd., März 1912.
91 Ebd., S. 113, 28. März 1912.
92 Zit. n. Hüneke, S. 141 f.
93 Ebd., S. 142.
94 Münter 1948, zit. n. Hille, S. 96.
95 Hermann von Wedderkop in: Sonderbundausstellung. Führer nebst Vorwort, Bonn 1912, S. 63.
96 Marc an Macke, 1. Juni 1912, zit. n. Hoberg, in Schaffer, S. 251.

97 Zit. n. ebd., S. 257.
98 Vgl. dazu Zuschlag, S. 28 f., letzteres Zitat stammt von Julius Vorster, Abgeordneter der Freikonservativen aus einer Rede vom 12. April 1913 im Preußischen Landtag.
99 Theodor Alt: Die Herabwertung deutscher Kunst durch die Parteigänger des Impressionismus, 1911, S. 364; zit. n. Zuschlag, S. 26.
100 Carl Vinnen in den *Bremer Nachrichten*, zit. n. Zuschlag, S. 27.
101 Hille, S. 121.
102 Herbstsalon, 20. September bis 1. Dezember 1913, Katalog S. 9.
103 Hille, S. 136.
104 Zit. n. Isabelle Jansen: Gabriele Münter in Paris 1906-07, in: Friedel 2000, S. 47.
105 Vgl. Hille, S. 149.
106 Münter in: Hartlaub, unpaginiert.
107 Lu Märten, zit. n. van Rijn, S. 8.
108 Brief an Heinrich Döhmann, zit. n. Uhrig, S. 15.
109 Zit. n. ebd., S. 17.
110 Zit. n. Kleine, S. 12.
111 Hartlaub, unpaginiert.
112 Münter in Hartlaub, unpaginiert.
113 Brief vom 11. Februar 1935, zit. n. Hille, S. 189.
114 Zit. n. Uhrig, S. 21.
115 Katalog der Großen Deutschen Kunstausstellung, München 1937, S. 19 f.
116 Vgl. ebd.
117 Hille, S. 193 f.
118 Grote, S. 16.
119 Grote, S. 13.
120 Wilhelm Lübke, zit. n. Muysers, S. 46 f.
121 Eichner, S. 26.
122 Zit. n. Hille, S. 196.
123 Münter in: Hartlaub, unpaginiert.
124 Kandinsky 1976, S. 227.
125 Hille, S. 319.
126 Daniel Kehlmann versicherte 2016, dass ihm »Kandinsky und ich« nicht bekannt gewesen sei und der Titel seines Romans »Ich und Kaminski« über einen eitlen und ruhmsüchtigen Künstlerbiografen rein zufällig Ähnlichkeiten aufweise.
127 Kandinsky 1976, S. 218.
128 Ebd., S. 224.
129 Röthel in: Buchheim, Vorwort.
130 Buchheim, S. 267.
131 Ebd., S. 268.
132 Kornfeld 1956, S. 5.
133 Röthel im Katalog zur Ausstellung, zit. n. Hille, S. 219.
134 Zit. n. Uhrig, S. 11.
135 Münter, in: Hartlaub, unpaginiert.
136 Else Lasker-Schüler: Die kreisende Weltfabrik, Berlin 2012, S. 11.

BILDNACHWEIS

akg-images, Berlin: Abb. 37
Bayerische Staatsgemäldesammlungen, München: 23
Galerie Gunzenhauser, München: 16, 19
Leicestershire Museums, Leicester: 28
Milwaukee Art Museum: 18, 20
Münchner Stadtmuseum: 39 (FM 2012/249)
The National Museum of Women in Arts, Washington: 33
Karl Ernst Osthaus Museum, Hagen: 21
Schloßmuseum Murnau: 32

Die Wiedergabe des Frontispizes und der Abbildungen 2, 3, 4, 5, 6, 7, 10 Mitte, 12, 27, 30 und 35 erfolgt mit freundlicher Genehmigung der Gabriele Münter- und Johannes Eichner-Stiftung, München

Für die Wiedergabe der Abbildungen 2 (2937), 30 (P 39) und 35 (L 12): Simone Gänsheimer und Ernst Jank, Städtische Galerie im Lenbachhaus und Kunstbau München, © Gabriele Münter- und Johannes Eichner-Stiftung, München

Für die Wiedergabe der Werke von Gabriele Münter: © VG Bild-Kunst, Bonn 2022

Weitere Nachweise über das Bildarchiv des Insel Verlags.